壬辰年夏知津堂據
宋刊巾箱本影印

春秋經傳集解

（春秋）左丘明撰　（晉）杜預集解
（唐）陸德明音義

黃山書社

圖書在版編目（CIP）數據

春秋經傳集解 / (春秋) 左丘明撰 ; (晉) 杜預集解等 . — 合肥 : 黃山書社 , 2012.7

ISBN 978-7-5461-2934-1

Ⅰ . ①春… Ⅱ . ①左… ②杜… Ⅲ . ①中國歷史—古代史—春秋時代—編年體②《春秋左氏傳》—注釋 Ⅳ . ① K225.04

中國版本圖書館 CIP 數據核字 (2012) 第 160300 號

ISBN 978-7-5461-2934-1

9 787546 129341 >

宋刊巾箱本 春秋經傳集解

策　劃／任耕耘
責任編輯／湯吟菲
責任印制／李曉明
出版發行／黃山書社
社　址／合肥市政務文化新區翡翠路一一一八號出版傳媒廣場
印　刷／揚州文津閣古籍印務有限公司
經　銷／新華書店
開　本／七〇〇×一六〇〇毫米　八開
印　張／一三二·七五
版　次／二〇一二年八月第一版第一次印刷
標準書號／ISBN 978-7-5461-2934-1
定　價／貳仟肆佰圓（全八册）

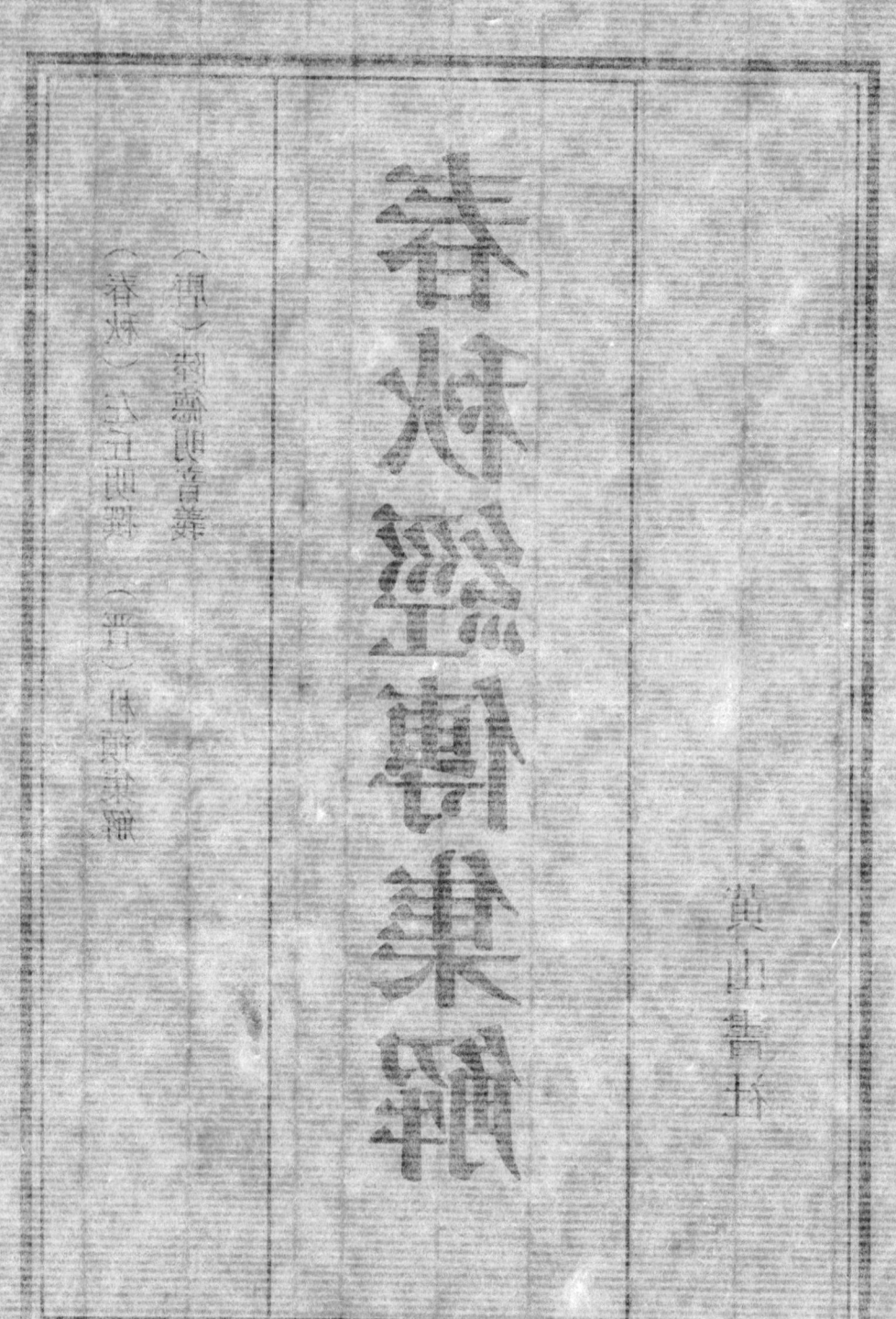

春秋二十國年表

周 魯 蔡 曹 衛 滕 晉 鄭 齊 秦 楚 宋 杞 陳 吳 邾 莒 薛 許 小邾

己未 平王四十九年	平王三 隱公 隱公自宣 自威 自威 下自 自邾 自莊 自傳 至穆 自武 自孝 自武 自威 自太 僖父 至頃 至曾
	自四十九年 元年 自惠 侯二 公三 公十 隱七 侯二 公甯 公祿 公始 王十 公八 公七 公二 伯十 古後 文公 公十 隱十 僖七
五十年	十九年入 三十年 公戾十八 十五 三十年 年入 王入 兩九 夏子 九年 年入 二年 十三 九世 爲子 十八 一年 一年 年見
	燕子 年入 年入 年入 入春 隱侯 春秋 春秋 年入 春秋 入春 春秋 入春 年入 至薛 年見 百其 息莊 來朝
五十一年	春秋 三年 春秋 春秋 秋莊 卒 孝侯 武公 春秋 傳五 秋名 八月 秋 春秋 夢入 薛其 來朝 公五
威王元年	平王太子 四十年 名考 穆公 公太 子邾之子 非公一年 鮑滿 卒兄 文公 春秋 三 詩如
	公戴之子 子二 都子 二子 晉宣公 長子成六 十一 此至 年見 處十
	侯子 終生 同卒 鄧曰 弟 子瑗 鮑 年
二年	洩父之子 五十年 宣公 晉 齡侯 公立 奭其 五年 復至 入許
甲子 三年	三十年 威公 弟
四年	三月 卒 哀侯 光立 鄂侯 子曲 昭三 十一 鄭穆 公嶽
五年	六月 辛 威 蔡侯 封人 立 宣公 子 武公 滑 公寧 五年 莊 字
	四十年 獻公 卒 年見 臣
六年	四十九年
七年	五十年
八年	五十一年 衰朝
九年	威公 元年 公子翬 弒隱公 殺公子[illegible]
十年	二年
十一年	三年 晉 景 子 侯 哀 侯 小子
十二年	四年 正月 穆 公子 莊公 馮立
甲戌 十三年	五年 晉 曲沃 侯 弟 緡 立
十四年	六年 正月 辛卯 弟 厲公 佗 殺 太子 免 立
十五年	七年 踰年 弑 免
十六年	八年 弟 躍
十七年	九年 公 蔡 屬
十八年	十年 正月 辛 曹莊 公射 五月 辛 鄭
十九年	十一年 姑立 十二 厲公
二十年	十二年 威公 月 卒 突立 八月 卒 太 子 免
二十一年	十三年 世子 衛惠 公朔 昭 出 奔 弟 三

周	魯	記事
二十二年	十四年	十二月卒；六忽 突出 鄭昭公忽立 弑昭公 立子亹 齊殺子亹 立子儀；宣公太子 [illegible] 黔牟立；長曰躍 中曰林 少曰杵臼 林立 爲莊公
甲申 二十三年	十五年	入許
莊王元年（莊王威王太子）	十六年	
二年	十七年	六月卒 蔡侯獻舞立 威侯子
三年	十八年	
四年	莊公元年（莊公同威公子）	十月卒 宣公杵臼立
五年	二年	十二月卒 閔公捷立
六年	三年	
七年	四年	三月卒 子文王熊貲立
八年	五年	郳犂來來朝
九年	六年	
甲午 十年	七年	[illegible] 黔牟奔周 惠公復入
十一年	八年	十二月弑
十二年	九年	威公小白立 襄公弟
十三年	十年	
十四年	十一年	
十五年	十二年	八月弑 威公弟御說立
僖王元年（僖王莊王子）	十三年	
二年	十四年	
三年	十五年	晉滅 [illegible] 公殺 [illegible]
四年	十六年	十二月卒 郛子瑣立；盟于幽
甲辰 五年	十七年	盟于鄄；晉武公三十九年卒 晉獻公詭諸立 武公子
惠王元年（惠王僖王孫）	十八年	
二年	十九年	卒；六月卒 子成王頵立
三年	二十年	蔡穆侯肸 哀侯子；[illegible]
四年	二十一年	

四年	三年	二年	[illegible]元年	[illegible]元年	四年	三年	二年	[illegible]元年	十三年	十四年	十二年	十一年	十年	九年	十年	八年	七年	六年	五年	四年	三年	二年	[illegible]元年

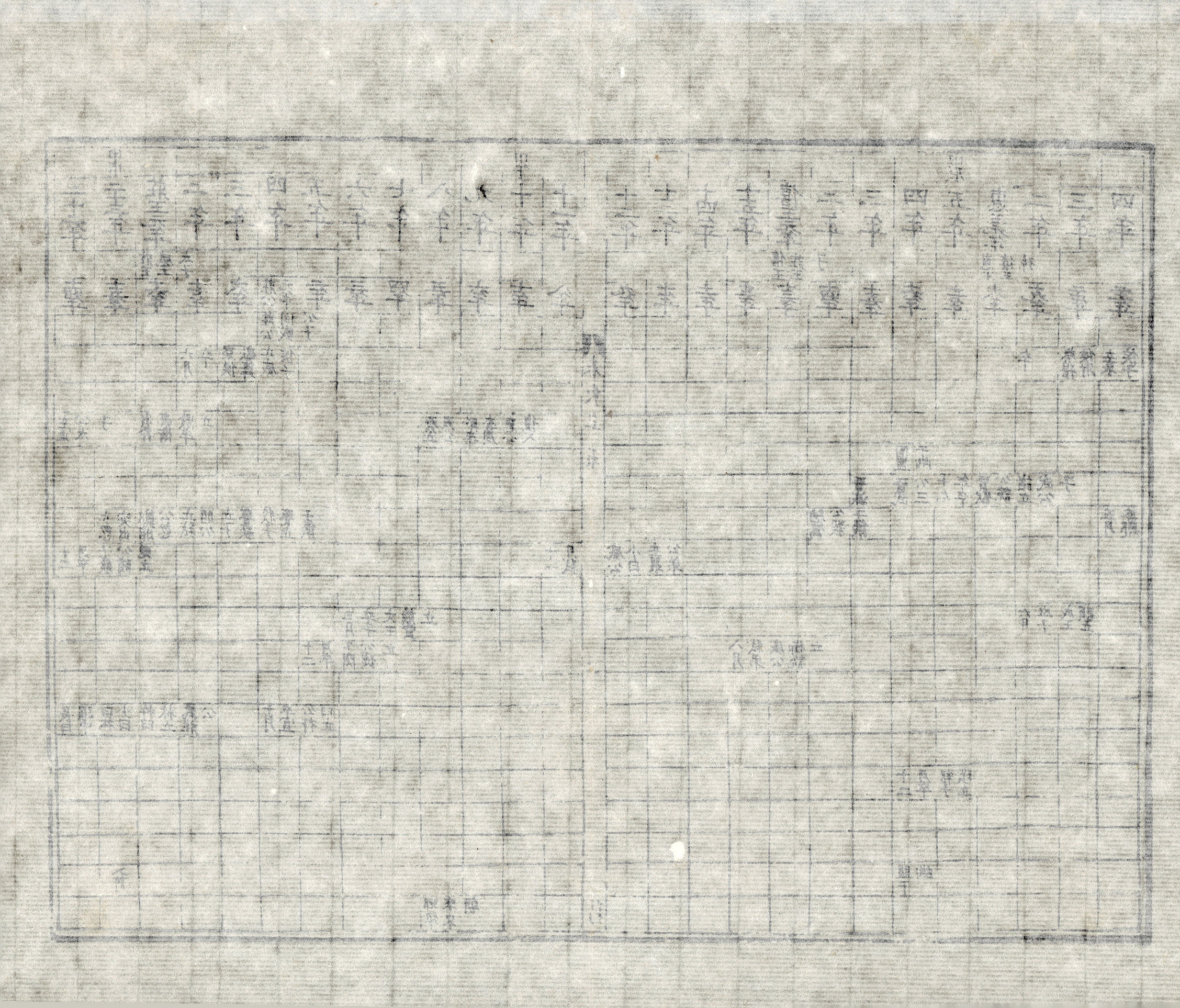

干支	周	魯	列國
	五年	二十二年	文公捷立厲公子
	六年	二十三年	十一月卒
	七年	二十四年	僖公禦立
	八年	二十五年	莊公子；五月卒
	九年	二十六年	衛懿公赤立惠公立
甲寅	十年	二十七年	
	十一年	二十八年	四月卒文公遂[illegible]立
	十二年	二十九年	
	十三年	三十年	
	十四年	三十一年	四月韓伯卒
	十五年	三十二年	卒
	十六年	閔公 元年	閔公開莊公子；昭公班立僖公子
	十七年	二年	秋弑衛戴公申立戴卒第衛文公燬立戴公弟
	十八年	僖公 元年	僖公申閔公庶兄
	十九年	二年	
甲子	二十年	三年	
	二十一年	四年	
	二十二年	五年	夏卒僖公業立
	二十三年	六年	嫁秦穆姬
	二十四年	七年	七月卒
	二十五年	八年	曹共公襄
	襄王元年	九年	襄王惠王太子鄭；立昭公子；卒立奚齊卓子晉惠公夷吾立；正月卒太子襄公茲父立
	二年	十年	
	三年	十一年	
	四年	十二年	十二月卒子穆公款
甲戌	五年	十三年	來朝

二十年	十九年	十八年	十七年	十六年	十五年	十四年	十三年	十二年	十一年	十年	[illegible]

[illegible]

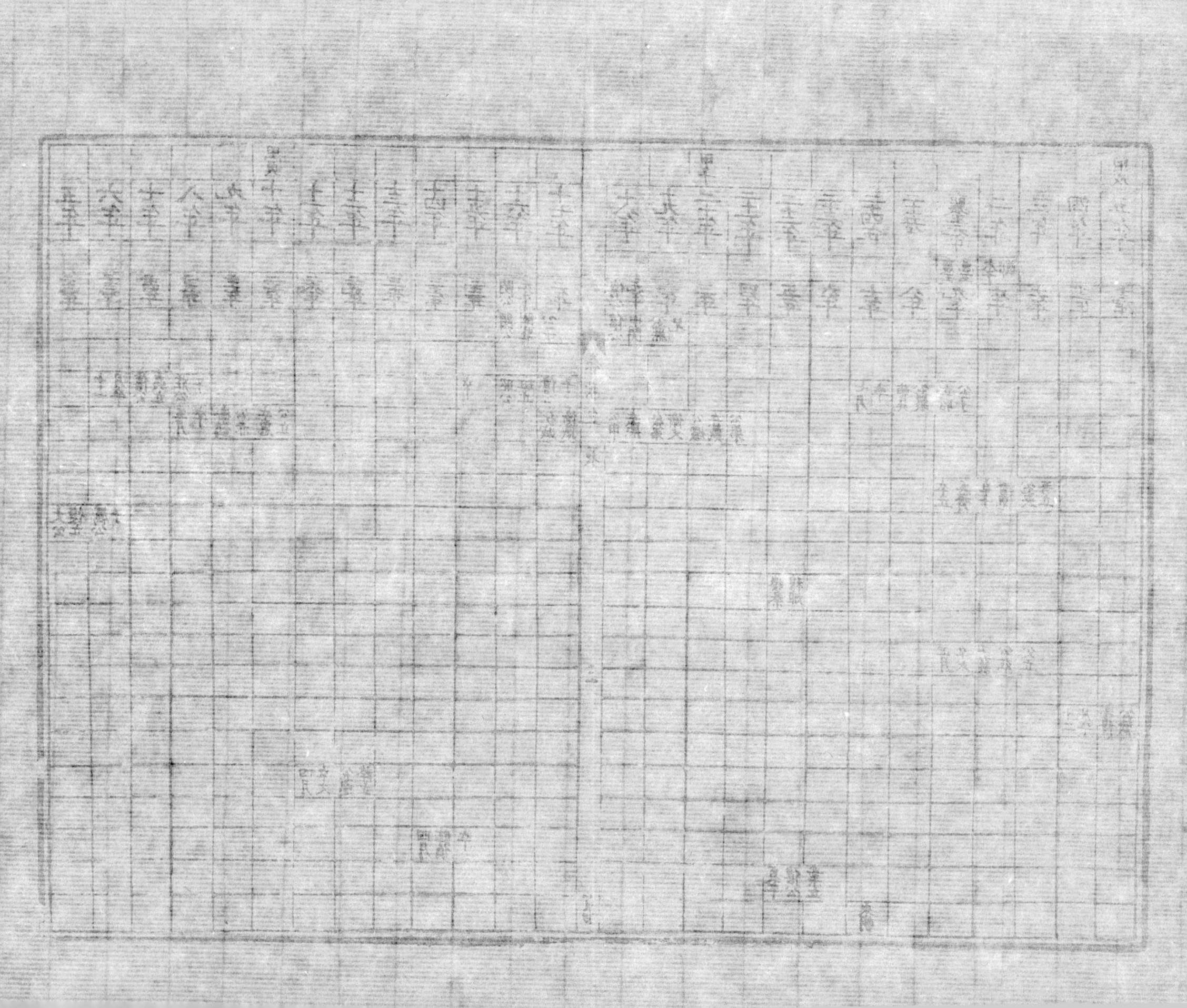

周	魯	
六年	十四年	冬卒；立
七年	十五年	蔡莊公甲午立穆侯子；秦虜晉侯歸
八年	十六年	
九年	十七年	十二月卒子無虧殺立孝公昭威公子
十年	十八年	
十一年	十九年	
十二年	二十年	
十三年	二十一年	
十四年	二十二年	
甲申 十五年	二十三年	卒晉懷公子圉立文公重耳立懷公于殺；五月卒子成公王臣立；十一月卒成公弟嚴之姊容立
十六年	二十四年	
十七年	二十五年	四月卒衛成公鄭
十八年	二十六年	
十九年	二十七年	立文公子出奔楚復歸位晉人執衛侯衛立公子瑕衛侯歸于位；懷公；六月卒弟昭公潘立；來朝
二十年	二十八年	六月卒子共公朔立
二十一年	二十九年	
二十二年	三十年	
二十三年	三十一年	
二十四年	三十二年	冬卒晉襄公驩立文公子；四月卒鄭穆公蘭立文公子
甲午 二十五年	三十三年	
二十六年	文公元年	文公興僖公子；十月弒父穆王商臣立
二十七年	二年	
二十八年	三年	
二十九年	四年	
三十年	五年	
三十一年	六年	八月卒靈；夏卒康公；十月卒昭公[illegible]

[illegible]年 [illegible]年 [illegible]年 [illegible]年 [illegible]年 [illegible]年 [illegible]年 [illegible]年 [illegible]年 [illegible]年 [illegible]年 [illegible]年 十六年 十五年 十四年 十三年 十二年 十一年 十年 [illegible] [illegible]年 [illegible]年 [illegible]年 六年

[illegible]

三十一年 七年

三十二年 八年 公夷皋立襄公子 秦康公罃立穆公子

頃王元年 頃王襄王子 九年 八月卒

甲辰 二年 十年 曹文公壽立共公子

三年 十一年

四年 十二年 卒

五年 十三年 滕昭公來朝 來朝

六年 十四年 子莊王旅立 五月卒子靈公平國立 五月卒子定公貜且五

匡王元年 匡王頃王子 十五年 卒 五月卒子舍立

二年 十六年 蔡文公申立 弑立懿公商人 十二月弑

三年 十七年 舒保孫 即昭公弟 弟文公鮑立

四年 十八年 莊侯子 五月弑兄惠公元立 二月卒共公稍立 十月紀公庶其弑

五年 宣公元年 宣公倭文公子 康 季佗立

甲寅 六年 二年 公子 六月弑晉 公子

定王元年 定王匡王之弟 三年 成公黑臀立襄公弟 十月弑靈公夷

二年 四年 立鄭襄公 正月卒咸

三年 五年 堅立 公立共公子

四年 六年 靈公庶弟

五年 七年

六年 八年

七年 九年 十月卒衛穆公遬立成公子 八月卒 九月卒

八年 十年 滕文公立 晉景公獳立成公子 四月卒頃公無野立惠公子 五月弑靈

九年 十一年 子入陳太子成公午立

甲子 十年 十二年

十一年 十三年

十二年 十四年 五月卒

十一年	十二年	甲 十三年	九年	八年	七年	六年	五年	四年	三年	二年	癸亥 元年	[illegible] 六年

五年	四年	三年	二年	[illegible] 元年	六年	五年	四年	三年	庚 二年	[illegible] 元年	[illegible]	[illegible]

干支	周	魯	列國
	十三年	十五年	曹宣公廬立 文公子
	十四年	十六年	
	十五年	十七年	三月卒 蔡景侯固立；正月立靈公舞立
	十六年	十八年	七月卒 子共王審立
	十七年	成公元年 成公黑肱 宣公子	
	十八年	二年	八月卒 衛定公臧立 穆公子；八月卒 子共公固立
	十九年	三年	
甲戌	二十年	四年	三月卒 悼公賁立
	二十一年	五年	
	簡王元年 簡王 定王子	六年	六月卒 成公睔立 悼公弟；吳壽夢立 壽夢一曰乘
	二年	七年	
	三年	八年	
	四年	九年	七月卒 靈公環立 頃公子
	五年	十年	五月卒 厲公州蒲立 景公太子
	六年	十一年	
	七年	十二年	
	八年	十三年	五月卒 曹成公負芻立 宣公弟
甲申	九年	十四年	十月卒 衛獻公衎立 定公子；十月卒 景公立 桓公子；莒子朱卒 一名渠丘公 犂比公密州立 又名買朱鉏
	十年	十五年	六月卒 少子平公成立；遷于葉
	十一年	十六年	四月卒 滕成公原立
	十二年	十七年	十二月卒 宣公牼立 來朝
	十三年	十八年	正月弑 悼公周立 景公子
	十四年	襄公元年 襄公午 成公子	
	靈王元年 靈王 簡王子	二年	六月卒 僖公髡頑立 成公子
	二年	三年	
	三年	四年	三月卒子

十三年	十四年	十五年	十六年	十七年	十八年	十九年	二十年	二十年	簡公元年	二年	三年	四年	五年	六年	七年	八年	九年	十年	十一年	十二年	十三年	十四年	靈公元年	二年	三年

	甲午										甲辰	
四年	五年	六年	七年	八年	九年	十年	十一年	十二年	十三年	十四年	十五年	十六年
五年	六年	七年	八年	九年	十年	十一年	十二年	十三年	十四年	十五年	十六年	十七年
									出奔齊衛殤公剽立定公弟			
										冬卒晉悼公彪立平公子		
			十二月卒簡公嘉立僖公子									
								九月卒子康王昭立				
	三月卒子孝公匄立											
哀公滑立												
							九月卒吳諸樊立諸樊壽夢長子諸樊一日過					
											晉執宣公悼公華立	
											晉執犂比公	
		穆公來朝										

								甲寅				
十七年	十八年	十九年	二十年	二十一年	二十二年	二十三年	二十四年	二十五年	二十六年	二十七年	景王元年	二年
											景王靈王	子
十八年	十九年	二十年	二十一年	二十二年	二十三年	二十四年	二十五年	二十六年	二十七年	二十八年	二十九年	三十年
												四月殺
十月卒曹武公滕立成公子												
								二月殺衎歸			五月卒衛襄公惡	
	七月卒莊公光立靈公子						五月弑景公杵臼立莊公異母弟					
										二月卒子郟敖麇立		
					三月卒弟文公益姑立							
							十二月卒吳餘祭立餘祭一名戴諸樊弟				五月卒夷昧立夷	
								八月卒悼公買立				

四年	五年	六年	七年	八年	九年	十年	十一年	十二年	十三年	十四年	十五年	十六年	十七年	十八年	十九年	二十年	二十一年	二十二年	二十三年	二十四年	二十五年	二十六年	二十七年	[illegible]	二[illegible]年
[illegible]	[illegible]	[illegible]	[illegible]	[illegible]	[illegible]	[illegible]	[illegible]	[illegible]	[illegible]	[illegible]	[illegible]	[illegible]	[illegible]	[illegible]	[illegible]	[illegible]	[illegible]	[illegible]	[illegible]	[illegible]	[illegible]	[illegible]	[illegible]	[illegible]	[illegible]

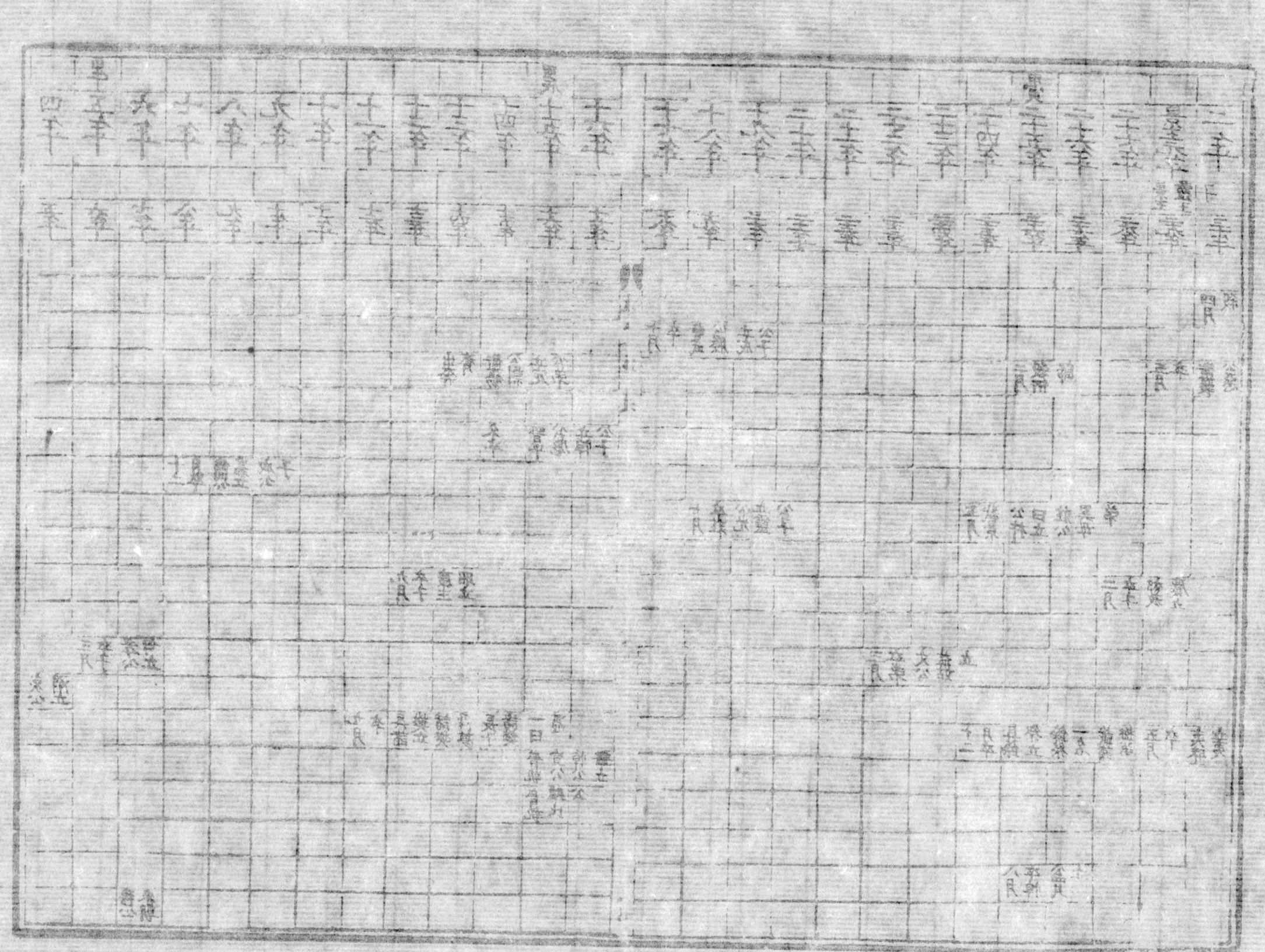

干支	周	魯	記事
	三年	三十一年	蔡靈侯般立景侯子；立獻公子；昧一吳餘昧餘祭弟；十一月弒子展輿立太子著丘公去疾立又名郟公
	四年	昭公元年	昭公稠襄公子；十一月卒靈王虔立康王弟；六月卒莊公穿立
	五年	二年	
	六年	三年	正月卒悼公寧立；穆公來朝
	七年	四年	
甲子	八年	五年	十二月卒哀公立景公子
	九年	六年	正月卒弟平公鬱釐立
	十年	七年	八月卒衛靈公元立襄公子
	十一年	八年	四月卒楚滅陳封其大夫穿封戌為陳公楚平王即
	十二年	九年	遷于夷
	十三年	十年	十二月卒晉昭公夷立平公子；十二月卒子元公佐立
	十四年	十一年	楚滅蔡
	十五年	十二年	蔡侯廬立景侯子；三月卒定公寧立簡公子
	十六年	十三年	四月卒平王居立即棄疾靈王弟；征哀公太子偃師子惠公吳立
	十七年	十四年	三月卒曹平公須立武公子；八月卒辰輿復立
甲戌	十八年	十五年	正月卒吳僚立夷昧子
	十九年	十六年	八月卒晉頃公去疾立昭公子
	二十年	十七年	穆公來朝
	二十一年	十八年	三月卒曹悼公午立平公子；遷于白羽
	二十二年	十九年	奔紀鄣；五月卒斯立
	二十三年	二十年	十一月卒
	二十四年	二十一年	蔡悼侯東
	二十五年	二十二年	國立廬之
	敬王元年（王猛之弟）	二十三年	弟大月卒；來奔復納郊公
	二年	二十四年	蔡昭侯申；八月卒子
甲申	三年	二十五年	立悼侯弟；十一月卒；悼公成立

二十三年	二十年	[illegible]	[illegible]	二十四年	二十三年	二十二年	二十一年	二十年	十九年	十八年	十七年	十六年	十五年	十四年	十三年	十二年	十一年	十年	九年	八年	七年	六年	五年	四年	三年

[illegible]

春秋二十國年表

三十年
三十一年
三十二年
甲寅
三十三年
三十四年
三十五年
三十六年
三十七年
三十八年
三十九年

五年
六年
七年
八年
九年
十年
十一年
十二年
十三年
十四年

蔡成侯立
昭侯子

子蒯隱公
聵子虞毋
立

九月
子
卒安
孺子
荼立
殺荼
公陽
生立
景公
子

七月
卒子
惠王
章立

宋滅
曹虜
伯陽

十二
月卒
子開
公維
立

三月
卒簡
公任
立悼
公子

來
歸
來奔
五月
卒
夏卒
子

十

春秋經傳集解隱公第一 釋文（解）佳買切舊夫子之經與丘明之傳各卷杜氏合而釋之故曰經傳集解隱公名息姑惠公之子母聲子謚法不尸其位曰隱第一此不題在氏傳公羊穀梁二傳既顯姓別之此不言自見

杜氏　盡十一年

傳惠公元妃孟子 言元妃明始適夫人也子宋姓惠公名不皇謚法愛人好與曰惠其子隱公讓國之君（妃）芳非切傳曰嘉耦曰妃（適）本又作嫡同丁歷切 孟子卒 不稱薨不成喪也無謚先夫死不得從夫謚（謚）實至切 繼室以聲子生隱公 聲謚也蓋孟子之姪娣也諸侯始娶則同姓之國以姪娣媵元妃死則次妃攝治內事猶不得稱夫人故謂之繼室（姪）直結切字林丈一切兄女也（娣）大計切女弟也（娶）七住切（媵）以證切又繩證切 宋武公生仲子仲子生而有文在其手曰為魯夫人故仲子歸于我 婦人謂嫁曰歸以手理自然成字有若天命故嫁之於魯釋文婦人謂嫁曰歸本或無曰字此依公羊傳 生桓公而惠公薨 言歸魯而生男惠公不以桓生之年薨 是以隱公立而奉之 隱公繼室之子當嗣世以禎祥之故追成父志為桓尚少是以立為大子帥國人奉之為經元年春不書即位傳（禎）音貞（少）詩照切（大）音泰舊太字皆作大後大子皆放此（為）于偽切後凡為經傳張本起本之例皆放此更不音

經元年春王正月 隱公之始年周王之正月也凡人君即位欲其體元以居正故不言一年一月也隱雖不即位然攝行君事故亦朝廟告朔也告朔朝正例在襄二十九年即位例在隱莊閔僖元年（朝）直遙切下同 ○三月公及邾儀父盟于蔑 附庸之君未王命例稱名能自通于大國繼好息民故書字貴之名例在莊五年邾今魯國鄒縣也蔑姑蔑魯地魯國卞縣南有姑城（父）音甫邾子之字凡人名字皆放此（蔑）亡結切（好）呼報切（鄒）側留切（卞）皮彥切本或作弁 ○夏五月鄭伯克段于鄢 不稱國討而言鄭伯譏失教也段不弟故不言弟明鄭伯雖失教而段亦凶逆以君討臣而用二君之例者言段強大儁傑據大都以耦國所謂得儁曰克也國討例在莊二十二年得儁例在莊十一年母弟例在宣十七年鄭在滎陽宛陵縣西南鄢今潁川鄢陵縣（段）徒亂切鄭伯弟名（鄢）於晚切又於虔切又於然切（弟）音悌又如字（儁）音俊（傑）音桀（滎）戶扃切本或作熒非（宛）於阮切又於元切 ○秋七月天王使宰咺來歸惠公仲子之賵 宰官咺名也咺賵死不及尸弔生不及哀豫凶事故貶而名之此天子大夫稱字之例仲子者桓公之母婦人無謚故以字配姓來者自外之文歸者不反之辭（咺）況晚切（賵）芳鳳切 ○九月及宋人盟于宿 客主無名皆微者也宿小國東平無鹽縣也凡盟以國地者國主亦與盟例在僖十九年宋今梁國睢陽縣（與）音預下同（睢）音雖 ○冬十有二月祭伯來 祭伯諸侯為王卿士者祭國伯爵也傳曰非王命也釋其不稱使（祭）側界切傳祭仲同（使）如字又所吏切 ○公子益師卒 傳例曰公不與小斂故不書日所以示薄厚也春秋不以日月為例唯卿佐之喪獨記日以見義者事之得失既未足以襃貶人君然亦非死者之罪無辭可以寄

文而人臣輕賤死日可略故特假日以見義(斂)力驗切(見)賢遍切下同
傳元年春王周正月言周以別夏殷(別)彼列切(夏)戶雅切三代之號可以意求不書即位攝
也假攝君政不修即位之禮故史不書於策傳所以見異於常(見)賢遍切○三月公及邾儀父盟
于蔑邾子克也克儀父名未王命故不書爵曰儀父貴之也王未賜命以為
諸侯其後儀父服事齊桓以獎王室王命以為邾子故莊十六年經書邾子克卒任文故不書爵一本無故字(獎)將丈切公
攝位而欲求好於邾故為蔑之盟解所以與盟也(好)呼報切(與)如字又音預○夏四
月費伯帥師城郎不書非公命也費伯魯大夫郎魯邑高平方與縣東南有郁郎亭傳曰君
舉必書然則史之策書皆君命也今不書於經亦因史之舊法故傳釋之諸魯事傳釋不書他皆放此(費)音祕(郁)於六切(郎)肅
往切後此例皆同○初鄭武公娶于申曰武姜申國今南陽宛縣(娶)七住切(宛)於元切生
莊公及共叔段段出奔共故曰共叔猶晉侯在鄂謂之鄂侯(共)音恭共地名凡國名地名人名字氏族皆不重
音疑者復出後放此(鄂)五各切莊公寤生驚姜氏故名曰寤生遂惡之寐寤而莊公已
生故驚而惡之(寤)五故切(惡)烏路切注同愛共叔段欲立之欲立以為大子亟請於武公公
弗許及莊公即位為之請制公曰制巖邑也虢叔死焉佗邑唯
命虢叔東虢君也恃制巖險而不修德鄭滅之恐段復然故開以佗邑虢國今滎陽縣(亟)欺冀切數也(焉)于虔切(佗)本又作
巖五銜切(虢)瓜伯切(復)扶又切請京使居之謂之京城大叔公順姜請使段居京謂之京城大叔
言寵異於眾臣京鄭邑今滎陽京縣(大)音泰注及下同祭仲曰都城過百雉國之害也祭仲
鄭大夫方丈曰堵三堵曰雉一雉之牆長三丈高一丈侯伯之城方五里徑三百雉故其大都不得過百雉(過)古卧切後不音
者皆同(堵)丁古切(長)直亮切又如字(高)古報切又如字(徑)古定切先王之制大都不過參國之
一三分國城之一七南切又音三(參)中五之一小九之一今京不度非制也不合
法度非先王制君將不堪公曰姜氏欲之焉辟害對曰姜氏何厭之有
不如早為之所使得其所宜(焉)於虔切(厭)於鹽切無使滋蔓蔓難圖也蔓草猶
不可除況君之寵弟乎公曰多行不義必自斃子姑待之斃踣也姑
且也(蔓)音萬(斃)婢世切本又作獘(獘)扶設切(踣)蒲北切既而大叔命西鄙北鄙貳於己鄙鄭
邊邑貳兩屬公子呂曰國不堪貳君將若之何公子呂鄭大夫欲與大叔臣
請事之若弗與則請除之無生民心叔久不除則舉國之民當生他心公曰無
庸將自及言無用除之禍將自及大叔又收貳以為己邑前兩屬者今皆取以為己邑

至于廩延 言轉侵多也廩延鄭邑陳留酸棗縣北有延津 廩力錦切 子封曰可矣厚將得衆 子封公子呂也厚謂土地廣大 公曰不義不暱厚將崩 不義於君不親於兄非衆所附雖厚必崩 暱女乙切親也 大叔完聚 完城郭聚人民 完音桓 繕甲兵具卒乘 步曰卒車曰乘 乘市戰切 卒尊忽切 注及下同 繕繩證切注及下同 將襲鄭夫人將啓之 啓開也 公聞其期曰可矣命子封帥車二百乘以伐京 古者兵車一乘甲士三人步卒七十二人 京叛大叔段段入于鄢公伐諸鄢五月辛丑大叔出奔共 共國今汲郡共縣 共音恭 汲居及切 書曰鄭伯克段于鄢段不弟故不言弟如二君故曰克稱鄭伯譏失教也謂之鄭志不言出奔難之也 傳言夫子作春秋改舊史以明義不早爲之所而養成其惡故曰失教段實出奔而以克爲文明鄭伯志在於殺難言其奔 弟大計切又如字 難乃旦切注同 遂寘姜氏于城潁 城潁鄭地 寘之豉切置也 而誓之曰不及黃泉無相見也 地中之泉故曰黃泉 既而悔之潁考叔爲潁谷封人 封人典封疆者 疆居良切 聞之有獻於公公賜之食食舍肉公問之對曰小人有母皆嘗小人之食矣未嘗君之羹請以遺之 食而不啜羹欲以發問也宋華元殺羊爲羹饗士蓋古賜賤官之常 舍音捨 遺唯季切下同 啜川悅切 華戶化切 公曰爾有母遺繄我獨無 繄語助 繄烏兮切又烏帝切 潁考叔曰敢問何謂也 據武姜在設疑也 公語之故且告之悔對曰君何患焉若闕地及泉隧而相見其誰曰不然 隧若今延道 語魚據切 闕其月切 隧音遂 公從之公入而賦大隧之中其樂也融融 賦賦詩也融融和樂也 樂音洛注及下同 融羊弓切 姜出而賦大隧之外其樂也洩洩 洩洩舒散也 洩羊世切 遂爲母子如初

君子曰潁考叔純孝也 純猶篤也 愛其母施及莊公詩曰孝子不匱永錫爾類其是之謂乎 不匱純孝也莊公雖失之於初孝心不忘考叔感而通之所謂永錫爾類詩人之作各以情言君子論之不以文害意故春秋傳引詩不皆與今說詩者同他皆倣此 施以豉切又式智切 匱其位切 ○

秋七月天王使宰咺來歸惠公仲子之賵緩且子氏未薨故名 惠公葬在春秋前故曰緩也子氏仲子也薨在二年賵助喪之物 天子七月而葬同軌畢至 言同軌以別四夷之國 別彼列切 諸侯五月同盟至 同在方嶽之盟 大夫三月同位至 古者行役不踰時 士踰月外姻至 踰月度月也姻猶親也此言赴弔各以遠近爲差因爲葬節 贈死不及尸 尸未葬之通稱 稱尺證切 弔生不及哀 諸侯已上既葬則縗麻除無哭位諒闇終喪 上時掌切 縗七雷切

切諒音亮又音良闇如字豫凶事非禮也仲子在而來賵故曰豫凶事○八月紀人伐夷夷不告故不書夷國在城陽莊武縣紀國在東莞劇縣隱十一年傳例曰凡諸侯有命告則書不然則否史不書於策故夫子亦不書于經傳見其事以明春秋例也他皆放此莞音官見賢遍切下三見同○有蜚不為災亦不書蜚負蠜也莊二十九年傳例曰凡物不為災不書又於此發之者明傳之所據非唯史策兼采簡牘之記他皆放此蜚扶味切蠜音煩又音槃○惠公之季年敗宋師于黃黃宋邑陳留外黃縣東有黃城敗必邁切他也後放此公立而求成焉九月及宋人盟于宿始通也經無義例故傳直言其歸趣而已他皆放此○冬十月庚申改葬惠公公弗臨故不書以桓為大子故隱公讓而不敢為喪主隱攝君政故據隱而言惠公之薨也有宋師大子少葬故有闕是以改葬少詩照切衛侯來會葬不見公亦不書諸侯會葬非禮也不得接公成禮故不書於策他皆放此衛國在汲郡朝歌縣朝如字○鄭共叔之亂公孫滑出奔衛公孫滑共叔段之子滑于八切又乎八切衛人為之伐鄭取廩延鄭人以王師虢師伐衛南鄙虢西虢國也弘農陝縣東南有虢城為于偽切陝失冉切請師於邾邾子使私於公子豫公子豫魯大夫私請師豫音預豫請往公弗許遂行及邾人鄭人盟于翼翼邾地不書非公命也非公命不書三見皆○新作南門不書亦非公命也皆興作大事各舉以備文○十二月祭伯來非王命也○眾父卒眾父公子益師字眾音終公不與小斂故不書日禮卿佐之喪小斂大斂君皆親臨之崇恩厚也始死情之所篤禮之所崇故以小斂為文至於但臨大斂及不臨其喪亦同不書日與音預斂力驗切注皆同

經二年春公會戎于潛戎狄夷蠻皆氐羌之別種也戎而書會者順其俗以為禮皆謂居中國若戎子駒支者陳留濟陽縣東南有戎城潛魯地氐都兮切羌卻良切種章勇切駒音拘濟子禮切水名凡地名皆同○夏五月莒人入向向小國也譙國龍亢縣東南有向城莒國今城陽莒縣也將卑師少稱人弗地曰入例在襄十三年向舒亮切譙在遙切亢音剛又苦浪切將子匠切○無駭帥師入極無駭魯卿極附庸小國無駭不書氏未賜族賜族例在八年駭戶楷切○秋八月庚辰公及戎盟于唐高平方與縣北有武唐亭八月無庚辰庚辰七月九日也日月必有誤方音房與音預○九月紀裂繻來逆女裂繻紀大夫傳曰卿為君逆也以別卿自逆也逆女或稱使或不稱使昏禮不稱主人史各隨其實而書非例也他皆放此裂音列繻音須為于偽切下為魯同別彼列切○冬十月伯姬歸于紀無傳伯姬魯女裂繻所逆者○紀子帛莒子盟于密子帛裂繻字也莒魯有怨紀侯既昏于魯使大夫盟莒以和解之子帛為魯結好息民故傳曰

魯故也此之內大夫而在莒子上稱字以嘉之也字例在閔元年密莒邑城陽淳于縣東北有密鄉〔帛〕音白〔繫〕如字又戶買切

〔好〕呼報切○十有二月乙卯夫人子氏薨無傳桓未爲君仲子不應稱夫人隱讓桓以爲大子成其母喪以赴諸侯故經於此稱夫人也不反哭故不書葬例在三年○鄭人伐衛凡師有鍾鼓曰伐例在莊二十九年

傳二年春公會戎于潛脩惠公之好也戎請盟公辭許其脩好而不許其盟僰夷狄者不壹而足〔好〕呼報切注及下同○莒子娶于向向姜不安莒而歸夏莒人入向以姜氏還傳言失昏姻之義凡得失小故經無異文而傳備其事案文則是非足以爲戒他皆放此〔還〕音旋後皆同○司空無駭入極費庈父勝之魯司徒司馬司空皆卿也庈父費伯也前年城郎今因得以勝極故傳於前年發之〔庈〕音琴○戎請盟秋盟于唐復脩戎好也〔復〕扶又切○九月紀裂繻來逆女卿爲君逆也〔爲〕于僞切○冬紀子帛莒子盟于密魯故也○鄭人伐衛討公孫滑之亂也治元年取廩延之亂

經三年春王二月己巳日有食之無傳日行遲一歲一周天月行疾一月一周天一歲凡十二交會然日月動物雖行度有大量不能不小有盈縮故有雖交會而不食者或有頻交而食者唯正陽之月君子忌之故有伐鼓用幣之事今釋例以長歷推經傳明此食是二月朔也不書朔史失之書朔日例在桓十七年〔己〕音紀〔巳〕音祀〔食〕如字本或作蝕音同〔量〕音亮〔縮〕所六切○三月庚戌天王崩周平王也實以壬戌崩欲諸侯之速至故遠日以赴春秋不書實崩日而書遠日者即傳其僞以懲臣子之過也襄二十九年傳曰鄭上卿有事使印段如周會葬今不書葬魯不會○夏四月辛卯君氏卒隱不敢從正君之禮故亦不敢備禮於其母○秋武氏子來求賻武氏子天子大夫之嗣也平王喪在殯新王未得行其爵命聽於冢宰故傳曰王未葬釋其所以稱父族又不稱使也魯不共奉王喪致令有求經直文以示不敬故傳不復具釋也○八月庚辰宋公和卒稱卒者略外以別內也元年大夫盟於宿故來赴以名例在七年○冬十有二月齊侯鄭伯盟于石門來告故書門齊地或曰濟北盧縣故城西南濟水之門○癸未葬宋穆公無傳魯使大夫會葬故書始死書卒史在國承赴爲君故惡其薨名改赴書也書葬則舉謚稱公者會葬者在外據彼國之辭也書葬例在昭六年〔爲〕于僞切〔惡〕烏路切

傳三年春王三月壬戌平王崩赴以庚戌故書之○夏君氏卒聲子也不赴于諸侯不反哭于寢不祔于姑故不曰薨不稱夫人故不言葬夫人喪禮有三薨則赴於同盟之國一也既葬日中自墓反虞於正寢所謂反哭于寢二也卒哭而祔於祖姑三也若此則書曰夫人某氏薨葬我小君某氏此備禮之文也其或不赴不祔則爲不成喪故死不稱夫人薨葬不

傳二年春公會戎于潛

莒人入向以姜氏還

司空無駭入極

九月紀裂繻來逆女

鄭人伐衛

經三年春王二月己巳日有食之

三月庚戌天王崩

夏四月辛卯君氏卒

傳三年春王三月壬戌平王崩

（言葬我小君某氏反哭則書葬不反哭則不書葬今聲子三禮皆闕釋例論之詳矣〔祔〕音附）不書姓爲公故曰君氏（不書姓辟正夫人也隱見爲君故特書於經稱曰君氏以別凡妾媵〔爲〕于僞切〔見〕賢遍切〔別〕彼列切）○鄭武公莊公爲平王卿士（卿士王卿之執政者言父子秉周之政）王貳于虢（虢西虢公亦仕王朝王欲分政於虢不復專任鄭伯〔朝〕直遥切〔復〕扶又切〔任〕而鴆切後不音者皆同）鄭伯怨王王曰無之故周鄭交質王子狐爲質於鄭鄭公子忽爲質於周（王子狐平王子〔狐〕音胡〔質〕音致下同）王崩周人將畀虢公政（周人遂成平王本意〔畀〕必二切與也）四月鄭祭足帥師取溫之麥秋又取成周之禾（四月今二月也秋今之夏也麥禾皆未熟言取者蓋芟踐之溫今河內溫縣成周洛陽縣〔祭〕側界切〔芟〕所銜切）周鄭交惡（兩相疾惡）君子曰信不由中質無益也明恕而行要之以禮雖無有質誰能間之苟有明信澗谿沼沚之毛（谿亦澗也沼池也沚小渚也毛草也〔要〕於遥切〔間〕間廁之間〔谿〕苦兮切爾雅云山夾水曰澗山瀆無所通曰谿〔沼〕之紹切〔沚〕本又作畤音止亦音市）蘋蘩薀藻之菜（蘋大蓱也蘩皤蒿薀藻聚藻也〔蘋〕音頻〔蘩〕音煩〔薀〕紆粉切〔藻〕音早〔蓱〕蒲丁切〔皤〕蒲多切）筐筥錡釜之器（方曰筐圓曰筥無足曰釜有足曰錡〔筐〕丘芳切〔筥〕九呂切〔錡〕其綺切）潢汙行潦之水（潢汙停水行潦流潦〔潢〕音黃〔汙〕音烏〔潦〕音老）可薦於鬼神可羞於王公（羞進也）而況君子結二國之信行之以禮又焉用質（通言盟約彼此之情故言二國〔焉〕於虔切〔約〕如字又於妙切）風有采蘩采蘋（采蘩采蘋詩國風義取於不嫌薄物）雅有行葦泂酌（詩大雅也行葦篇義取忠厚也泂酌篇義取行潦可以共祭祀也〔葦〕于鬼切〔泂〕音迥〔共〕音恭）昭忠信也（明有忠信之行雖薄物皆可爲用〔行〕下孟切）○武氏子來求賻王未葬也

○宋穆公疾召大司馬孔父而屬殤公焉曰先君舍與夷而立寡人（先君穆公兄宣公也與夷宣公子即所屬殤公〔屬〕章欲切注同〔殤〕舒羊切〔舍〕音捨〔與〕如字一音余）寡人弗敢忘若以大夫之靈得保首領以沒先君若問與夷其將何辭以對請子奉之以主社稷寡人雖死亦無悔焉對曰羣臣願奉馮也（馮穆公子莊公也〔沒〕亦作歿〔馮〕皮冰切亦作憑）公曰不可先君以寡人爲賢使主社稷若棄德不讓是廢先君之舉也豈曰能賢（言不讓則不足稱賢）光昭先君之令德可不務乎吾子其無廢先君之功（先君以寡賢爲功義若不賢是廢之）使公子馮出居於鄭（辟殤公也）八月庚辰宋穆公卒殤公即位君子曰宋宣公可謂知人矣立穆公其子饗之命以義夫（命出於義也）

語助（夫）音符注同

商頌曰殷受命咸宜百祿是荷其是之謂乎詩頌言殷湯武丁受命皆以義故任荷天之百祿也帥義而行則殤公宜受此命宜荷此祿公子馮不帥父義忿而出奔因鄭以求入終傷咸宜之福故知人之稱唯在宣公也殷禮有兄弟相及不必傳子孫宋其後也故指稱商頌（頌）似用切（荷）本又作何河可切又音河注同（任）音壬（忿）芳粉切（馮）又證切（傳）直專切

○冬齊鄭盟于石門尋盧之盟也盧盟在春秋前盧齊地今濟北盧縣故城

庚戌鄭伯之車僨于濟既盟而遇大風傳記異也十二月無庚戌日誤（僨）弗問切仆也

○衛莊公娶于齊東宮得臣之妹曰莊姜得臣齊大子也大子不敢居上位故常處東宮美而無子衛人所為賦碩人也碩人詩義取莊姜美于色賢于德而不見荅終以無子國人憂之（為）于偽切

又娶于陳曰厲嬀生孝伯早死陳今陳國陳縣（嬀）九危切其娣戴嬀生桓公莊姜以為己子嬀陳姓也厲戴皆謚雖為莊姜子然大子之位未定公子州吁嬖人之子也嬖親幸也（吁）況于切必計切賤而得幸曰

○有寵而好兵公弗禁莊姜惡之石碏諫曰臣聞愛子教之以義方石碏衛大夫（好）呼報切（碏）居鵲切一音舍（惡）烏路切（碏）七略切弗納於邪驕奢淫泆所自邪也四方之來寵祿過也將立州吁乃定之矣若猶未也階之為禍言將立為大子則宜早定若不早定州吁必緣寵而為禍（邪）似嗟切下同（泆）音逸

夫寵而不驕驕而能降降而不憾憾而能眕者鮮矣如此者少也降其身則必恨恨則思亂不能自安自重（夫）音扶發句之端後放此（憾）本又作感同胡暗切恨也五年同（眕）之忍切重也（鮮）息淺切

且夫賤妨貴少陵長遠間親新間舊小加大小國而加兵於大國如息侯伐鄭之比（妨）音芳（少）詩照切（長）丁丈切（間）間厠之間下同（比）必二切淫破義所謂六逆也君義臣行父慈子孝兄愛弟敬所謂六順也臣行君之義去順效逆所以速禍也君人者將禍是務去而速之無乃不可乎弗聽其子厚與州吁游禁之不可桓公立乃老老致仕也四年經書州吁弒其君故傳先經以始事（去）起呂切及下同（弒）音試（先）悉薦切

經四年春王二月莒人伐杞取牟婁無傳書取言易也例在襄十三年杞國本都陳留雍丘縣推尋事跡桓六年淳于公亡國杞似并之遷都淳于僖十四年又遷緣陵襄二十九年晉人城杞之淳于杞又遷都淳于牟婁杞邑城陽諸縣東北有婁鄉（杞）音起（牟）亡侯切（易）以豉切（雍）於用切

○戊申衛州吁弒其君完稱臣弒君臣之罪也例在宣四年戊申三月十七日有日而無月（弒）本又作殺同音試凡弒君之例皆放此可以意求不重音（完）音丸

○夏公及宋公遇于清遇者草次之期二國各簡其禮若道路相逢遇也清衛邑濟北東阿

縣有清亭○宋公陳侯蔡人衛人伐鄭○秋翬帥師會宋公陳侯蔡
人衛人伐鄭公子翬魯大夫不稱公子疾其固請强君以不義也諸外大夫貶皆稱人至於内大夫貶則皆去族
稱名於記事之體他國可言某人而己之卿佐不得言魯人此所以爲異也翬溺去族傳曰疾之叔孫豹則曰言違命此其例
也翬許歸切彊其丈切去起呂切下同溺乃歷切○九月衛人殺州吁于濮州吁弑君而立未列
於會故不稱君例在成十六年濮陳地水名濮音卜○冬十有二月衛人立晉衛人逆公子晉而立
之善其得衆故不書入於衛變文以示義例在成十八年
傳四年春衛州吁弑桓公而立公與宋公爲會將尋宿之盟未
及期衛人來告亂夏公及宋公遇于清宿盟在元年○宋殤公之
即位也公子馮出奔鄭鄭人欲納之及衛州吁立將脩先君之
怨於鄭謂二年鄭人伐衛之怨而求寵於諸侯以和其民諸篡立者諸侯既與之會則不
復討故欲求此寵篡初患切復扶又切下文復伐同使告於宋曰君若伐鄭以除君害害謂
宋公子馮君爲主敝邑以賦與陳蔡從則衛國之願也言舉國之賦調從才用切
調徒弔切宋人許之於是陳蔡方睦於衛蔡今汝南上蔡縣故宋公陳侯蔡
人衛人伐鄭圍其東門五日而還公問於衆仲曰衛州吁其成
乎衆仲魯大夫對曰臣聞以德和民不聞以亂亂謂阻兵而安忍以亂猶治
絲而棼之也絲見棼緼益所以亂棼扶云切緼於云切夫州吁阻兵而安忍阻兵無
衆安忍無親衆叛親離難以濟矣恃兵則民殘民殘則衆叛安忍則刑過刑過則親離夫
兵猶火也弗戢將自焚也夫州吁弑其君而虐用其民於是乎
不務令德而欲以亂成必不免矣戢莊立切○秋諸侯復伐鄭宋公
使來乞師乞師不書非卿公辭之從衆仲之言羽父請以師會之羽父公子翬公
弗許固請而行故書曰翬帥師疾之也諸侯之師敗鄭徒兵取
其禾而還時鄭不車戰○州吁未能和其民厚問定君於石子石子石碏
也以州吁不定諮其父石子曰王覲爲可曰何以得覲曰陳桓公方有寵
於王陳衛方睦若朝陳使請必可得也厚從州吁如陳石碏使
告于陳曰衛國褊小老夫耄矣無能爲也此二人者實弑寡君
敢即圖之八十曰耄稱國小已老自謙以委陳使因其往就圖之覲其靳切見也朝直遙切後不出者皆放此褊必

淺切一音必珍切〔耄〕毛報切陳人執之而請涖于衛請衛人自臨討之涖音利又音類九月衛人使右宰醜涖殺州吁于濮石碏使其宰獳羊肩涖殺石厚于陳君子曰石碏純臣也惡州吁而厚與焉大義滅親其是之謂乎子從弒君之賊國之大逆不可不除故曰大義滅親明小義則當兼子愛之〔獳〕奴侯切〔惡〕烏路切〔與〕音預衛人逆公子晉于邢冬十二月宣公即位公子晉也〔邢〕音刑國名書曰衛人立晉衆也

經五年春公矢魚于棠書陳魚以示非禮也書棠譏遠地也今高平方與縣北有武唐亭魯侯觀魚臺○夏四月葬衛桓公○秋衛師入郕將卑師衆但稱師此史之常也〔郕〕音成國名〔將〕子匠切○九月考仲子之宮初獻六羽成仲子宮安其主而祭之惠公以仲子手文娶之欲以爲夫人諸侯無二嫡蓋隱公成父之志爲別立宮也公問羽數故書羽婦人無謚因姓以名宮〔嫡〕都歷切〔爲〕于僞切○邾人鄭人伐宋邾主兵故序鄭上○螟無傳蟲食苗心者爲災故書〔螟〕亡丁切○冬十有二月辛巳公子彄卒大夫書卒不書葬葬者臣子之事非公家所及〔彄〕苦侯切○宋人伐鄭圍長葛潁川長社北有長葛

傳五年春公將如棠觀魚者臧僖伯諫曰凡物不足以講大事臧僖伯公子彄也僖謚也大事祀與戎〔魚〕本亦作漁其材不足以備器用則君不舉焉材謂皮革齒牙骨角毛羽也器用軍國之器君將納民於軌物者也故講事以度軌量謂之軌取材以章物采謂之物不軌不物謂之亂政亂政亟行所以敗也言器用衆物不入法度則爲不軌不物亂敗之所起〔度〕待洛切一音如字〔亟〕欺冀切數也故春蒐夏苗秋獮冬狩蒐索擇取不孕者苗爲苗除害也獮殺也以殺爲名順秋氣也狩圍守也冬物畢成獲則取之無所擇也〔蒐〕所求切〔獮〕息淺切說文作𤢾穀梁傳云春曰田秋曰蒐〔狩〕手又切〔索〕所百切〔孕〕以證切〔爲〕于僞切皆於農隙以講事也各隨時事之間〔隙〕去逆切三年而治兵入而振旅雖四時講武猶復三年而大習出曰治兵始治其事入曰振旅治兵禮畢整衆而還振整也旅衆也〔振〕之愼切〔復〕扶又切下同歸而飲至以數軍實飲於廟以數車徒器械及所獲也〔數〕所主切注同〔械〕戶戒切昭文章車服旌旗明貴賤辨等列等列行五〔辨〕如字又方免切別也〔行〕戶郎切順少長出則少者在前還則在後所謂順也〔少〕詩照切注皆同〔長〕丁丈切下注同習威儀也鳥獸之肉不登於俎俎祭宗廟器鳥獸之肉一本作其肉〔俎〕莊呂切皮革齒牙骨角毛羽不登於器謂以飾法度之器則公不射古之制也

若夫山林川澤之實器用之資皁隸之事官司之守非君所及
也士臣皁皁臣輿輿臣隸言取此雜猥之物以資器備是小臣有司之職非諸侯之所親也（射）食亦切（皁）才早切（輿）音餘（猥）
烏罪切公曰吾將略地焉孫辭以略地略揔攝巡行之名傳曰遂東略之不知西則否矣（行）下孟切遂
往陳魚而觀之陳設張也公大設捕魚之備而觀之（捕）音步一音博僖伯稱疾不從書曰
公矢魚于棠非禮也且言遠地也矢亦陳也棠實他竟故曰遠地（從）才用切（竟）音境○
曲沃莊伯以鄭人邢人伐翼曲沃晉別封成師之邑在河東聞喜縣莊伯成師子也翼晉舊都在
平陽絳邑縣東邢國在廣平襄國縣（沃）烏毒切王使尹氏武氏助之翼侯奔隨尹氏武氏皆周
世族大夫也晉內相攻伐不告亂故不書傳具其事爲後晉事張本曲沃及翼本末見桓二年隨晉地傳具一本作傳見賢遍
切○夏葬衛桓公衛亂是以緩有州吁之亂十四月乃葬傳明其非慢也○四月鄭
人侵衛牧牧衛邑經書夏四月葬衛桓公今傳直言夏而更以四月附鄭人侵衛牧者於下事宜得月以明事之先
後故不復備舉經文三年君氏卒其義亦同他皆倣此（牧）州牧之牧徐音目以報東門之役東門役在四年
衛人以燕師伐鄭南燕國今東郡燕縣（燕）於賢切鄭祭足原繁洩駕以三軍軍
其前使曼伯與子元潛軍軍其後燕人畏鄭三軍而不虞制人

北制鄭邑今河南城皁縣也一名虎牢（洩）息列切（曼）音萬六月鄭二公子以制人敗燕師于
北制二公子曼伯子元也君子曰不備不虞不可以師○曲沃叛王秋王
命虢公伐曲沃而立哀侯于翼春翼侯奔隨故立其子光○衛之亂也郕人
侵衛故衛師入郕郕國也東平剛父縣西南有郕鄉（父）音甫○九月考仲子之宮將
萬焉萬舞也公問羽數於衆仲問執羽人數對曰天子用八八八六十四人諸
侯用六六六三十六人大夫四四四十六人士二二二四人士有功賜用樂夫舞所以節
八音而行八風八音金石絲竹匏土革木也八風八方之風也以八音之器播八方之風手之舞之足之蹈之
節其制而叙其情八音金鍾石磬絲琴瑟竹簫管土塤木柷梧匏笙革鼓也八方之風謂東方谷風東南方清明風南方凱風
西南方涼風西方閶闔風西北方不周風北方廣莫風東北方融風（匏）白交切（蹈）徒報切故自八以下唯天子得
盡物數故以八爲列諸侯則不敢用八公從之於是初獻六羽始用六佾也魯唯文王
周公廟得用八而他公遂因仍僭而用之今隱公特立此婦人之廟詳問衆仲衆仲因明大典故傳亦因言始用六佾其後季
氏舞八佾於庭知唯在仲子廟用六（佾）音逸（僭）子念切○宋人取邾田邾人告於鄭曰請
君釋憾於宋敝邑爲道釋四年再見伐之恨（道）音導本亦作導鄭人以王師會之

王師不書不以告也伐宋入其郛以報東門之役郛郭也東門役在四年郛芳夫切下同宋
人使來告命告命策書公聞其入郛也將救之問於使者曰師何及
對曰未及國忿公知而故問責窮辭使色吏切下同公怒乃止辭使者曰君命寡
人同恤社稷之難今問諸使者曰師未及國非寡人之所敢知
也為七年公伐邾傳難乃旦切○冬十二月辛巳臧僖伯卒公曰叔父有憾
於寡人諸侯稱同姓大夫長曰伯父少曰叔父有恨恨諫觀魚不聽寡人弗敢忘葬之加一
等加命服之等○宋人伐鄭圍長葛以報入郛之役也
經六年春鄭人來渝平和而不盟曰平渝羊朱切變也○夏五月辛酉公會齊
侯盟于艾泰山牟縣東南有艾山艾五蓋切○秋七月雖無事而書首月具四時以成歲他皆放此
○冬宋人取長葛秋取冬乃告也上有伐鄭圍長葛長葛鄭邑可知故不言鄭也前年冬圍不克而還今冬
乘長葛無備而取之言易也易以豉切傳同
傳六年春鄭人來渝平更成也渝變也公之為公子戰於狐壤為鄭所執逃歸怨鄭鄭伐宋公
欲救宋宋使者失辭公怒而止忿宋則欲厚鄭鄭因此而來故經書渝平傳曰更成壤如掌切使所吏切○翼九宗

五正頃父之子嘉父逆晉侯于隨翼晉舊都也唐叔始封受懷姓九宗職官五正遂世為晉
強家五正五官之長九宗一姓為九族也頃父之子嘉父晉大夫頃音傾長丁丈切下文及注同納諸鄂晉人
謂之鄂侯鄂晉別邑諸此名疑者皆言有以示不審闕者不復記其闕他皆放此前年桓王立此侯之子於翼故不
得復入翼別居鄂鄂五各切復扶又切下同○夏盟于艾始平于齊也春秋前魯與齊不平今乃
棄惡結好故言始平于齊好呼報切○五月庚申鄭伯侵陳大獲往歲鄭伯請成
于陳成平也陳侯不許五父諫曰親仁善鄰國之寶也君其許鄭
五父陳公子佗佗徒何切人名皆同陳侯曰宋衛實難可畏難也難乃旦切注同鄭何能為遂
不許君子曰善不可失惡不可長其陳桓公之謂乎長惡不悛
從自及也悛止也從隨也悛七全切雖欲救之其將能乎商書曰惡之易也
如火之燎于原不可鄉邇商書盤庚言惡易長如火焚原野不可鄉近燎力召切又力弔切鄉本又
作嚮同許亮切邇附近之近其猶可撲滅言不可撲滅撲普卜切周任有言周任周大夫任音壬
曰為國家者見惡如農夫之務去草焉芟夷蘊崇之絕其本根
勿使能殖則善者信矣芟刈也夷殺也蘊積也崇聚也去起呂切芟所銜切說文作癹匹末切云以足

蹞夷草藴紆粉切信如字又音申○秋宋人取長葛○冬京師來告饑公爲之

請糴於宋衛齊鄭禮也告饑不以王命故傳言京師而不書於經也雖非王命而公共以稱命己國不

足旁請鄰國故曰禮也傳見隱之賢爲于僞切糴直歷切見賢遍切○鄭伯如周始朝桓王也桓王

即位周鄭交惡至是乃朝故曰始王不禮焉周桓公言於王曰我周之東遷晉

鄭焉依周桓公周公黑肩也周采地扶風雍縣東北有周城幽王爲犬戎所殺平王東徙晉文侯鄭武公左右王室故

曰晉鄭焉依焉如字或於虔切非雍於用切左音佐右音祐又並如字善鄭以勸來者猶懼不蔇

蔇至也蔇其器切況不禮焉鄭不來矣爲桓五年諸侯從王伐鄭傳

經七年春王三月叔姬歸于紀無傳叔姬伯姬之娣也至是歸者待年於父母國不與嫡俱行

故書嫡本又作適同丁歷切○滕侯卒傳例曰不書名未同盟也滕國在沛國公丘縣東南沛音貝○夏

城中丘城例在莊二十九年中丘在琅邪臨沂縣東北琅音郎沂魚依切○齊侯使其弟年來

聘諸聘皆使卿執玉帛以相存問例在襄元年○秋公伐邾○冬天王使凡伯來聘

凡伯周卿士凡國伯爵也汲郡共縣東南有凡城共音恭凡字本作汎音凡○戎伐凡伯于楚丘以歸

戎鳴鍾鼓以伐天子之使見夷狄強虣不書凡伯敗者單使無衆非戰陳也但言以歸非執也楚丘衛地在濟陰城武縣西南

使所吏切下同見賢遍切虣蒲報切陳直覲切

傳七年春滕侯卒不書名未同盟也凡諸侯同盟於是稱名故

薨則赴以名盟以名告神故薨亦以名告同盟告終稱嗣也以繼好息民告亡者之

終稱嗣位之主當奉而不忘故曰繼好好同則和親故曰息民好呼報切注同謂之禮經此言凡例乃周

公所制禮經也十一年不告之例又曰不書於策明禮經皆當書於策仲尼脩春秋皆承策爲經丘明之傳博采衆記故始開

凡例特顯此二句他皆放此○夏城中丘書不時也○齊侯使夷仲年來聘

結艾之盟也艾盟在六年○秋宋及鄭平七月庚申盟于宿公伐邾

爲宋討也公距宋而更與鄭平欲以鄭爲援今鄭復與宋盟故懼而伐邾欲以求宋故曰爲宋討爲于僞切注爲宋

同援于眷切復扶又切○初戎朝于周發幣于公卿凡伯弗賓朝而發幣於公卿如

今計獻詣公府卿寺冬王使凡伯來聘還戎伐之于楚丘以歸傳言凡伯所以

見伐○陳及鄭平六年鄭侵陳大獲今乃平十二月陳五父如鄭涖盟涖臨也壬

申及鄭伯盟歃如忘志不在於歃血歃色洽切忘亡亮切服虔云如而也洩伯曰五父必

不免不賴盟矣洩伯鄭洩駕洩息列切鄭良佐如陳涖盟良佐鄭大夫辛巳及

陳侯盟亦知陳之將亂也入其國觀其政治故揔言之也皆爲桓五年六年陳亂蔡人殺陳佗傳治
直吏切○鄭公子忽在王所故陳侯請妻之以忽有王寵故妻七計切鄭伯許
之乃成昏爲鄭忽失齊昏援以王出奔傳爲于僞切
經八年春宋公衛侯遇于垂垂衛地濟陰句陽縣東北有垂亭句古侯切○三月鄭
伯使宛來歸祊宛鄭大夫不書氏未賜族祊鄭祀泰山之邑在琅邪費縣東南宛於阮切祊必彭切費音秘○
庚寅我入祊桓元年乃卒易祊田知此入祊未肯受而有之○夏六月己亥蔡侯考父
卒無傳襄六年傳曰杞桓公卒始赴以名同盟故也諸侯同盟稱名者非唯見在位二君也嘗與其父同盟則亦以名赴其
子亦所以繼好也蔡未與隱盟蓋春秋前與惠公盟故赴以名見賢遍切好呼報切○辛亥宿男卒無傳元年宋魯
大夫盟于宿宿與盟也晉荀偃禱河稱齊晉君名然後自稱名知雖大夫出盟亦當先稱己君之名以啓神明故薨皆從身盟
之例當告以名也傳例曰赴以名則亦書之不然則否辟不敏也今宿赴不以名故亦不書名諸例或發於始事或發於後者
因宜有所異同亦或丘明所得記注本末不能皆備故與音預下不與同禱丁老切或丁報切○秋七月庚午
宋公齊侯衛侯盟于瓦屋齊侯尊宋使主會故宋公序齊上瓦屋周地○八月葬蔡
宣公無傳三月而葬速○九月辛卯公及莒人盟于浮來莒人微者不嫌敵公侯故

直稱公例在僖二十九年浮來紀邑東莞縣北有邳鄉邳鄉西有公來山號曰邳來間邳蒲悲切間如字○螟無傳爲災
○冬十有二月無駭卒公不與小斂故不書日卒而後賜族故不書氏斂力驗切
傳八年春齊侯將平宋衛平宋衛於鄭有會期宋公以幣請於衛請
先相見宋敬齊命衛侯許之故遇于犬丘犬丘垂也地有兩名○鄭伯請釋泰
山之祀而祀周公以泰山之祊易許田三月鄭伯使宛來歸祊
不祀泰山也成王營王城有遷都之志故賜周公許田以爲魯國朝宿之邑後世因而立周公別廟焉鄭桓公周
宣王之母弟封鄭有助祭泰山湯沐之邑在祊鄭以天子不能復巡狩故欲以祊易許田各從本國所近之宜恐魯以周公別
廟爲疑故云已廢泰山之祀而欲爲魯祀周公孫辭以有求也許田近許之田泰山如字東岳復扶又切守手又切近附近之
近下同爲于僞切下爲魯同○夏虢公忌父始作卿士于周周人於此遂畀之政畀必二切
○四月甲辰鄭公子忽如陳逆婦嬀辛亥以嬀氏歸甲寅入于
鄭陳鍼子送女先配而後祖鍼子曰是不爲夫婦誣其祖矣非
禮也何以能育鍼子陳大夫禮逆婦必先告祖廟而後行故楚公子圍稱告莊共之廟鄭忽先逆婦而後告廟
故曰先配而後祖鍼其廉切誣亡符切共音恭一本亦作恭○齊人卒平宋衛于鄭秋會于

溫盟于瓦屋以釋東門之役禮也會溫不書不以告也定國息民故曰禮也平宋衛二國忿鄭之謀鄭不與盟故不書〔與〕音預○八月丙戌鄭伯以齊人朝王禮也言鄭伯不以虢公得政而背王故禮之齊稱人略從國辭上有七月庚午下有九月辛卯則八月不得有丙戌〔背〕音佩○公及莒人盟于浮來以成紀好也二年紀莒盟于密為魯故今公尋之故曰以成紀好〔好〕呼報切○冬齊侯使來告成三國齊侯冬來告稱秋和三國公使衆仲對曰君釋三國之圖以鳩其民君之惠也寡君聞命矣敢不承受君之明德鳩集也○無駭卒羽父請謚與族公問族於衆仲衆仲對曰天子建德立有德以為諸侯因生以賜姓因其所由生以賜姓謂若舜由媯汭故陳為媯姓〔汭〕如銳切胙之土而命之氏報之以土而命氏曰陳〔胙〕才故切諸侯以字諸侯位卑不得賜姓故其臣因氏其王父字為謚因以為族或使即先人之謚稱以為族官有世功則有官族邑亦如之謂取其舊官舊邑之稱以為族皆稟之時君〔稱〕尺證切公命以字為展氏諸侯之子稱公子公子之子稱公孫公孫之子以王父字為氏無駭公子展之孫故為展氏

經九年春天子使南季來聘無傳南季天子大夫也南氏季字也○三月癸酉大雨震電庚辰大雨雪三月今正月〔電〕徒練切〔雨〕于付切○挾卒無傳挾魯大夫未賜族〔挾〕音協○夏城郎○秋七月○冬公會齊侯于防防魯地在瑯邪華縣東南〔華〕户化切

傳九年春王三月癸酉大雨霖以震書始也書癸酉始雨日〔霖〕音林久雨謂之淫淫雨謂之霖庚辰大雨雪亦如之書時失也夏之正月微陽始出未可震電既震電又不當大雨雪故皆為時失凡雨自三日以往為霖此解經書霖也而經無霖字經誤平地尺為大雪○夏城郎書不時也○宋公不王不共王職〔共〕音恭本亦作供鄭伯為王左卿士以王命討之伐宋宋以入郛之役怨公不告命入郛在五年公以七年伐邾欲以說宋而宋猶不和也〔說〕音悅公怒絶宋使秋鄭人以王命來告伐宋遣使致王命也伐宋不得志故復往告之〔使〕所吏切及注同〔復〕扶又切冬公會齊侯于防謀伐宋也○北戎侵鄭鄭伯禦之患戎師曰彼徒我車懼其侵軼我也徒步兵也軼突也〔軼〕直結切又音逸公子突曰使勇而無剛者嘗寇而速去之公子突鄭厲公也嘗試也勇則能往無剛不恥退君為三覆以待之覆伏兵也〔覆〕扶又切注及下同戎輕而不整貪而無親勝不相讓敗不相救先者見獲必務

進進而遇覆必速奔後者不救則無繼矣乃可以逞逞解也〔釋〕遣政切〔逞〕勑領切〔解〕音蟹或佳買切從之戎人之前遇覆者奔祝聃逐之祝聃鄭大夫〔聃〕乃甘切一音上甘切衷戎師前後擊之盡殪爲三部伏兵祝聃帥勇而無剛者先犯戎而速奔以遇二伏兵至後伏兵起戎還走祝聃反逐之戎前後及中三處受敵故曰衷戎師殪死也〔衷〕丁仲切又音忠〔殪〕於計切〔處〕昌慮切戎師大奔後駐軍不復繼也〔駐〕丁住切十一月甲寅鄭人大敗戎師此皆春秋時事雖經無正文所謂必廣記而備言之將令學者原始要終尋其枝葉究其所窮他皆放此〔令〕力呈切〔要〕於遙切

經十年春王二月公會齊侯鄭伯于中丘傳言正月會癸丑盟釋例推經傳日月癸丑是正月二十六日知經二月誤〇夏翬帥師會齊人鄭人伐宋公子翬不待公命而貪會二國之君疾其專進故去氏齊鄭以公不至故亦更使微者從之伐宋不言及明翬專行非鄧之謀也及例在宣七年〔去〕起呂切傳同〇六月壬戌公敗宋師于菅齊鄭後期故公獨敗宋師書敗宋未陳也敗例在莊十一年菅宋地〔菅〕音古顔切〔陳〕直覲切辛未取郜辛巳取防鄭後至得郜防二邑歸功于魯故書取明不用師徒也齊陰城武縣東南有郜城高平昌邑縣西南有西防城〔郜〕古報切字林又工竺切〇秋宋人衛人入鄭宋人蔡人衛人伐戴鄭伯伐取之三國伐戴鄭伯因其不和伐而取之書伐用師徒也書取克之易也戴國今陳留外黃縣東南有戴城〔戴〕亦作載〔易〕以豉切傳同〇冬十月壬午齊

人鄭人入郕

傳十年春王正月公會齊侯鄭伯于中丘癸丑盟于鄧爲師期尋九年會于防謀伐宋也公既會而盟盟不書非後也蓋公還告會而不告盟鄧魯地夏五月羽父先會齊侯鄭伯伐宋言先會明非公本期釋翬之去族六月戊申公會齊侯鄭伯于老桃會不書不告於廟也老桃宋地六月無戊申戊申五月二十三日日誤壬戌公敗宋師于菅庚午鄭師入郜辛未歸于我庚辰鄭師入防辛巳歸于我壬戌六月七日庚午十五日庚辰二十五日鄭伯後期而公獨敗宋師故鄭頻獨進兵以入郜防入而不有命魯取之推功上爵讓以自替不有其實故經但書魯取以成鄭志善之也君子謂鄭莊公於是乎可謂正矣以王命討不庭下之事上皆成禮於庭中不貪其土以勞王爵正之體也勞者敘其勤以荅之諸侯相朝逆之以饗餼謂之郊勞魯侯爵尊鄭伯爵卑故言以勞王爵〔勞〕力報切注同〔餼〕許氣切蔡人衛人郕人不會王命也不伐宋秋七月庚寅鄭師入郊猶在郊鄭師還駐兵於遠郊宋人衛人入鄭宋衛竒兵承虛入鄭蔡人從之伐戴從宋衛伐戴也八

月壬戌鄭伯圍戴癸亥克之取三師焉（三國之軍在戴故鄭伯合圍之師者軍旅之通稱〔稱〕尺證切）宋衛既入鄭而以伐戴召蔡人（伐戴乃召之）蔡人怒故不和

而敗（言鄭取之易也）○九月戊寅鄭伯入宋（報入鄭也九月無戊寅戊寅八月二十四日）○

冬齊人鄭人入郕討違王命也

經十有一年春滕侯薛侯來朝（諸侯相朝例在文十五年〔薛〕息列切）○夏公會鄭

伯于時來（時來郲也滎陽縣東有釐城鄭地也〔郲〕音來〔釐〕音來王元規力之切）○秋七月壬午公

及齊侯鄭伯入許（與謀曰及還使許叔居之故不言滅也許潁川許昌縣〔潁〕音預〔還〕音旋）○冬十

有一月壬辰公薨（實弑書薨又不地者史策所諱也）

傳十一年春滕侯薛侯來朝爭長（薛魯國薛縣〔長〕丁丈切）薛侯曰我先封

（薛祖奚仲夏所封在周之前〔夏〕戶雅切）滕侯曰我周之卜正也（卜正卜官之長）薛庶姓也

我不可以後之（庶姓非周之同姓）公使羽父請於薛侯曰君與滕君辱

在寡人周諺有之曰山有木工則度之賓有禮主則擇之（擇所宜而

行之〔諺〕音彥俗言也〔度〕大洛切）周之宗盟異姓爲後（盟載書皆先同姓例在定四年）寡人若朝

于薛不敢與諸任齒（薛任姓齒列也〔任〕音壬注同）君若辱貺寡人則願以滕

君爲請薛侯許之乃長滕侯○夏公會鄭伯于郲謀伐許也鄭

伯將伐許五月甲辰授兵於大宮（大宮鄭祖廟〔大〕音泰）公孫閼與潁考叔

爭車（公孫閼鄭大夫〔閼〕安葛切）潁考叔挾輈以走（輈車轅也〔挾〕音協〔輈〕張留切）子都拔棘

以逐之（子都公孫閼棘戟也）及大逵弗及子都怒（逵道方九軌也〔逵〕求龜切爾雅云九達謂之逵）

（釋文云道方九軌此依考工記）秋七月公會齊侯鄭伯伐許庚辰傅于許（傅于

許城下〔傅〕音附注同）潁考叔取鄭伯之旗蝥弧以先登（蝥弧旗名〔蝥〕莫侯切〔弧〕音胡）子

都自下射之顛（顛隊而死〔射〕食亦切下及注同〔隊〕直類切）瑕叔盈又以蝥弧登（瑕叔盈鄭

大夫）周麾而呼曰君登矣（周徧也麾招也〔麾〕許危切又許僞切〔呼〕火故切〔徧〕音遍）鄭師畢登

壬午遂入許許莊公奔衛（奔不書兵亂遁逃未知所在〔遁〕徒頓切）齊侯以許讓公

公曰君謂許不共（不共職貢〔共〕音恭本亦作供音同注及下同）故從君討之許既伏

其罪矣雖君有命寡人弗敢與聞乃與鄭人鄭伯使許大夫百

里奉許叔以居許東偏（許叔許莊公之弟東偏東鄙也〔鄙〕音預）曰天禍許國鬼神

實不逞于許君而假手于我寡人 借手于我寡復之人以討許 寡人唯是一
二父兄不能共億 父兄同姓羣臣共給億安也 億於力切 其敢以許自爲功乎寡
人有弟不能和協而使餬其口於四方 弟共叔段也餬寄食也出奔在元年 餬音胡說
文云寄食 鬻本又作粥之育切又與六切 其況能久有許乎吾子其奉許叔以撫柔
此民也吾將使獲也佐吾子 獲鄭大夫公孫獲 若寡人得没于地 以壽終 壽
如字又音授 天其以禮悔禍于許 言天加禮於許而悔禍之 無寧茲許公復奉其
社稷 無寧寧也茲此也 復扶又切又音服 唯我鄭國之有請謁焉如舊昏媾 謁告也婦
之父曰昏重昏曰媾 媾古豆切 重直龍切 其能降以相從也 降降心也 無滋他族實偪處
此以與我鄭國爭此土也吾子孫其覆亡之不暇而況能禋祀
許乎 絜齊以享謂之禋祀謂許山川之祀 覆芳服切 暇行嫁切 禋音因 齊側皆切一本作齊 寡人之使吾
子處此不唯許國之爲亦聊以固吾圉也 圉邊垂也 爲于僞切 圉魚呂切 乃使
公孫獲處許西偏曰凡而器用財賄無寘於許我死乃亟去之
吾先君新邑於此 此今河南新鄭舊鄭在京兆 賄呼罪切字林音悔 寘之豉切置也 亟紀力切急也下注同

王室而既卑矣周之子孫日失其序 鄭亦周之子孫 夫許大岳之胤也
大岳神農之後堯四岳也 胤繼也 大音泰 天而既厭周德矣吾其能與許爭乎君子
謂鄭莊公於是乎有禮禮經國家定社稷序民人利後嗣者也
許無刑而伐之服而舍之 刑法也 厭於豔切 度德而處之量力而行之
相時而動無累後人 我死乃亟去之無累後人 度待洛切 量音良下同 相息亮切 累劣僞切注同 可
謂知禮矣○鄭伯使卒出豭行出犬雞以詛射潁考叔者 百人爲卒
二十五人爲行行亦卒之行列疾射潁考叔者故令卒及行間皆詛之 卒尊忽切注同 豭音加豭猪別名 行戶剛切注同 詛側慮
切 令力呈切 君子謂鄭莊公失政刑矣政以治民刑以正邪既無德
政又無威刑是以及邪 大臣不睦又不能用刑於邪人 邪似嗟切下及注同 邪而詛之將
何益矣○王取鄔劉 二邑在河南緱氏縣西南有鄔聚西北有劉亭 鄔烏戶切 緱古侯切又苦侯切 聚才
遇切 蔿邘之田于鄭 蔿邘鄭二邑 蔿尤委切 邘音于 而與鄭人蘇忿生之田 蘇忿生周
武王司寇蘇公也 忿芳粉切 溫 今溫縣 原 在沁水縣西 沁七浸切字林先枉切郭璞王蒼解詁音狗沁之沁沈文何
踈鴆切韋昭思金切水名 絺 在野王縣西南 絺勑之切 樊 一名陽樊野王縣西南有陽城 樊扶袁切 隰郕 在懷縣西

南隰詳立切郕尚征切欑茅在脩武縣北欑才官切向軹縣西有地名向上向舒亮切注同軹音紙盟今盟津盟音孟州今州縣陘闕陘音刑隤在脩武縣北隤徒回切懷今懷縣凡十二邑皆蘇忿生之田欑茅隤屬汲郡餘皆屬河內君子是以知桓王之失鄭也恕而行之德之則也禮之經也己弗能有而以與人人之不至不亦宜乎蘇氏叛王十二邑王所不能有爲桓五年從王伐鄭張本○鄭息有違言以言語相違恨息侯伐鄭鄭伯與戰于竟息師大敗而還息國汝南新息縣竟音境息一本作郎音息君子是以知息之將亡也不度德鄭莊賢度待洛切不量力息國弱不親親鄭息同姓之國不徵辭不察有罪言語相恨當明徵其辭以審曲直不宜輕鬭犯五不韙而以伐人其喪師也不亦宜乎韙是也韙韋鬼切蒼頡篇同喪息浪切○冬十月鄭伯以虢師伐宋壬戌大敗宋師以報其入鄭也入鄭在十年宋不告命故不書凡諸侯有命告則書不然則否命者國之大事政令也承其告辭史乃書之于策若所傳聞行言非將君命則記在簡牘而已不得記於典策此蓋周禮之舊制傳直專切師出臧否亦如之臧否謂善惡得失也滅而告敗勝而告克此皆互言不須兩告乃書否音鄙又方九切注同雖及滅國滅不告敗勝不告克不書于策○羽父請殺桓公將以求大宰大宰官名大音泰注同公曰爲其少故也吾將授之矣授桓位爲于僞切少詩照切使營菟裘吾將老焉菟裘魯邑在泰山梁父縣南不欲復居魯朝故別營外邑菟兔都切裘音求父音甫復扶又切下同羽父懼反譖公于桓公而請弒之公之爲公子也與鄭人戰于狐壤止焉內諱獲故言止狐壤鄭地譖側鴆切弒音試下同一本作殺鄭人囚諸尹氏尹氏鄭大夫賂尹氏而禱於其主鍾巫主尹氏所主祭賂音路禱丁老切或多報切巫亡夫切遂與尹氏歸而立其主立鍾巫於魯十一月公祭鍾巫齊于社圃社圃園名圃布古切館于寪氏館舍也寪氏魯大夫寪于委切壬辰羽父使賊弒公于寪氏立桓公而討寪氏有死者欲以弒君之罪加寪氏而復不能正法誅之傳言進退無據不書葬不成喪也桓弒隱篡立故喪禮不成

春秋左氏傳卷第一

春秋經傳集解桓公第二

釋文桓公名軌惠公之子隱公之弟母仲子史記亦名允謚法辟土服遠曰桓

杜氏　盡十八年

經元年春王正月公即位嗣子位定於初喪而改元必須踰年者繼父之業成父之志不忍有變於中年也諸侯每首歲必有禮於廟諸遭喪繼位者因此而改元正位百官以序故國史亦書即位之事於策桓公篡立而用常禮欲自同於遭喪繼位者釋例論之備矣(篡)初患切○三月公會鄭伯于垂鄭伯以璧假許田○夏四月丁未公及鄭伯盟于越公以篡立而脩好於鄭鄭因而迎之成禮於垂終易二田然後結盟垂大丘衛地也越近垂地名鄭求祀周公魯聽受祊田令鄭廢泰山之祀知其非禮故以璧假爲文時之所隱(假)舉下切(好)呼報切傳同(近)附近之近(祊)百庚切(令)力呈切○秋大水書災也傳例曰凡平原出水爲大水○冬十月

傳元年春公即位脩好于鄭鄭人請復祀周公卒易祊田事在隱八年(復)扶又切公許之三月鄭伯以璧假許田爲周公祊故也魯不宜聽鄭祀周公又不宜易取祊田犯二不宜以動故隱其實不言祊稱璧假言若進璧以假田非久易也(爲)于僞切○夏四月丁未公及鄭伯盟于越結祊成也結成易二田之事也傳以經不書祊故獨見祊(見)賢遍切

盟曰渝盟無享國渝變也(渝)羊朱切(享)許丈切○秋大水凡平原出水爲大水廣平曰原○冬鄭伯拜盟鄭伯若自來則經不書若遣使則當言鄭人不得稱鄭伯疑謬誤(使)所吏切○宋華父督見孔父之妻于路華父督宋戴公孫也孔父嘉孔子六世祖(華)戶化切大夫氏也後皆同(督)音篤目逆而送之曰美而豔色美曰豔(豔)以贍切

經二年春王正月戊申宋督弒其君與夷及其大夫孔父稱督以弒罪在督也孔父稱名者內不能治其閨門外取怨於民身死而禍及其君(閨)音圭○滕子來朝無傳隱十一年稱侯今稱子者蓋時王所黜○三月公會齊侯陳侯鄭伯于稷以成宋亂成平也宋有弒君之亂故爲會欲以平之稷宋地○夏四月取郜大鼎于宋戊申納于大廟宋以鼎賂公大廟周公廟也始欲平宋之亂終於受賂故備書之戊申五月十日(郜)古報切(大)音泰傳大廟做此○秋七月杞侯來朝公即位而來朝○蔡侯鄭伯會于鄧穎川召陵縣西南有鄧城(召)上照切○九月入杞不稱主帥微者也弗地曰入(帥)所類切或作師○公及戎盟于唐冬公至自唐傳例曰告于廟也特相會故致地也凡公行還不書至者皆不告廟也隱不書至謙不敢自同於正君書勞策勳

傳二年春宋督攻孔氏殺孔父而取其妻公怒督懼遂弒殤公

傳二年春宋督攻孔氏殺孔父而取其妻公怒督懼遂弑殤公

至自唐 [illegible]

〇九月入杞 [illegible] 〇公及戎盟于唐 [illegible]

秋七月杞侯來朝 [illegible] 〇蔡侯鄭伯會于鄧 [illegible] 〇

[illegible] 〇夏四月取郜大鼎于宋戊申納于大廟

[illegible] 〇三月公會齊侯陳侯鄭伯于稷以成宋亂 [illegible]

[illegible] 〇滕子來朝 [illegible]

經二年春王正月戊申宋督弑其君與夷及其大夫孔父

[illegible]

〇宋華父督見孔父之妻于路 [illegible] 〇秋大水 [illegible]

盟曰渝盟無享國 [illegible]

丁未公及鄭伯盟于越結祊成也 [illegible] 〇夏四月 [illegible]

公許之三月鄭伯以璧假許田為周公祊故也 [illegible]

傳元年春公即位修好于鄭鄭人請復祀周公卒易祊田 [illegible]

〇冬十月 [illegible]

[illegible] 〇秋大水 [illegible]

許田 [illegible] 〇夏四月丁未公及鄭伯盟于越 [illegible]

經元年春王正月公即位 [illegible] 三月公會鄭伯于垂鄭伯以璧假許田 [illegible]

春秋經傳集解桓公第二 [illegible]

杜氏 盡十八年

君子以督爲有無君之心而後動於惡雖有君若無也故先書弑其君

會于稷以成宋亂爲賂故立華氏也經稱平宋亂者蓋以魯君受賂立華氏貪縱之甚惡其指斥故遠言始與齊陳鄭爲會之本意也傳言爲賂故立華氏明經本書平宋亂爲公諱諱在受賂立華氏也猶璧假許田爲周公祊故所謂婉而成章督未死而賜族督之妄也(爲)于僞切注除爲會一字並同(惡)烏路切(婉)於阮切

宋殤公立十年十一戰殤公以隱四年立十一戰皆在隱公世民不堪命孔父嘉爲司馬

督爲太宰故因民之不堪命先宣言曰司馬則然言公之數戰則司馬使爾

已殺孔父而弑殤公嘉孔父字(大)音泰(數)音朔召莊公于鄭而立之以親鄭莊公公子馮也隱三年出居于鄭馮入宋不書不告也(馮)皮冰切下同

以郜大鼎賂公郜國所造器也故繫名於郜濟陰城武縣東南有北郜城齊陳鄭皆有賂故遂相宋公夏四月取郜大

鼎于宋戊申納于大廟非禮也臧哀伯諫曰臧哀伯魯大夫僖伯之子(相)息亮切下注傳相同

君人者將昭德塞違以臨照百官猶懼或失之故昭令

德以示子孫是以清廟茅屋以茅飾屋著儉也清廟肅然清靜之稱(著)張慮切後不音者同(稱)尺證切

大路越席大路玉路祀天車也越席結草(越)戶括切祀天車本或無天字者非大羹不致大羹肉汁不致五味

粢食不鑿黍稷曰粢不精鑿(粢)音咨(食)音嗣餅也(鑿)子洛切字林作糳子沃切云糲米一斛舂爲八斗

昭其儉也此四者皆示儉衮冕黻珽衮畫衣也冕冠也黻韋韠以蔽膝也珽玉笏也若今吏之持簿(衮)古本切(黻)音弗下同(珽)他頂切(韠)音必(笏)音忽(簿)步古切徐廣云持簿手版也

帶裳幅舄帶革帶也衣下曰裳幅若今行縢者舄複履(幅)音逼(舄)音昔(縢)徒登切(複)音福

衡紞紘綖衡維持冠者紞冠之垂者紘纓從下而上者綖冠上覆(紞)多敢切字林丁坎切(紘)獲耕切(綖)音延字林弋善切(上)時掌切下上下同

昭其度也尊卑各有制度藻率

鞞鞛藻率以韋爲之所以藉玉也王五采公侯伯三采子男二采鞞佩刀削上飾鞛下飾(率)音律(鞞)補頂切(鞛)布孔切(藉)在夜切(削)音笑

鞶厲游纓鞶紳帶也一名大帶厲大帶之垂者游旌旗之游纓在馬膺前如索帬(鞶)步干切(游)音留注同(膺)於陵切(索)悉各切

昭其數也尊卑各有數火龍黼黻火畫火也龍畫龍也白與黑謂之黼形若斧黑與青謂之黻兩己相戾(黼)音甫(戾)力計切

昭其文也以文章明貴賤五色比象昭其物也車服器械之有五色皆以比象天地四方以示器物不虛設(比)并是切(械)戶戒切

鍚鸞和鈴昭其聲也鍚在馬額鸞在鑣和在衡鈴在旂動皆有鳴聲(鍚)音揚馬面當盧(額)顏客切(鑣)彼驕切(旂)勤衣切

三辰旂旗昭其明也三辰日月星也畫於旂旗象天之明夫德儉而有度登降有數登降謂上下尊卑

文物以紀之聲明以發之以臨照百官百官於是乎戒懼而不

敢易紀律今滅德立違謂立華督違命之臣而寘其賂器於大廟以明示
百官百官象之其又何誅焉國家之敗由官邪也官之失德寵
賂章也郜鼎在廟章孰甚焉武王克商遷九鼎于雒邑九鼎殷所受夏
九鼎也武王克商乃營雒邑而後去之又遷九鼎焉時但營洛邑未有都城至周公乃卒營雒邑謂之王城即今河南城也故
傳曰成王定鼎于郟鄏寘之豉切置也邪似嗟切雒音洛本亦作洛夏戶雅切郟古洽切鄏音辱義士猶或非
之蓋伯夷之屬而況將昭違亂之賂器於大廟其若之何公不聽周
内史聞之曰臧孫達其有後於魯乎君違不忘諫之以德内史周大
夫官也僖伯諫隱觀魚其子哀伯諫桓納鼎積善之家必有餘慶故曰其有後於魯○秋七月杞侯來朝
不敬杞侯歸乃謀伐之○蔡侯鄭伯會于鄧始懼楚也楚國今南郡江
陵縣北紀南城也楚武王始僭號稱王欲害中國蔡鄭姬姓近楚故懼而會謀近附近之近○九月入杞討
不敬也○公及戎盟于唐脩舊好也惠隱之好好音呼報切注同冬公至自
唐告于廟也凡公行告于宗廟反行飲至舍爵策勳焉禮也爵飲
酒器也既飲置爵則書勳勞於策言速紀有功也舍音赦舊音捨特相會往來稱地讓事也特相

會公與一國會也會必有主二人獨會則莫肯爲主兩讓會事不成故但書地自參以上則往稱地來
稱會成事也成會事參七南切亦音三上時掌切○初晉穆侯之夫人姜氏以條
之役生大子命之曰仇條晉地大子文侯也意取於戰相仇怨仇音求其弟以千畝之
戰生命之曰成師桓叔也西河界休縣南有地名千畝意取能成其衆師服曰異哉君之
名子也師服晉大夫名如字或彌政切夫名以制義名之必可言也義以出禮禮從義出禮
以體政政以禮成政以正民是以政成而民聽易則生亂反易禮義則亂生也
嘉耦曰妃怨耦曰仇古之命也自古有此言耦五口切妃芳非切今君命大子
曰仇弟曰成師始兆亂矣兄其替乎穆侯愛少子桓叔俱取於戰以爲名所附意異故師
服知桓叔之黨必盛於晉以傾宗國故因名以諷諫替他計切廢也少詩照切諷方鳳切惠之二十四年晉
始亂故封桓叔于曲沃惠魯惠公也晉文侯卒子昭侯元年危不自安封成師爲曲沃伯靖侯
之孫欒賓傅之靖侯桓叔之高祖父言得貴寵公孫爲傅相靖才井切欒力官切師服曰吾聞
國家之立也本大而末小是以能固故天子建國立諸侯也諸侯立
家卿大夫稱家卿置側室側室衆子也得立此一官大夫有貳宗適子爲小宗次者爲貳宗以相

敢易紀律今滅德立違而寘其賂器於大廟以明示百官百官象之其又何誅焉國家之敗由官邪也官之失德寵賂章也郜鼎在廟章孰甚焉武王克商遷九鼎于雒邑義士猶或非之而況將昭違亂之賂器於大廟其若之何公不聽周內史聞之曰臧孫達其有後於魯乎君違不忘諫之以德

○秋七月杞侯來朝不敬杞侯歸乃謀伐之

○蔡侯鄭伯會于鄧始懼楚也

○九月入杞討不敬也

○公及戎盟于唐修舊好也

○冬公至自唐告于廟也凡公行告于宗廟反行飲至舍爵策勳焉禮也特相會往來稱地讓事也自參以上則往稱地來稱會成事也

○初晉穆侯之夫人姜氏以條之役生大子命之曰仇其弟以千畝之戰生命之曰成師師服曰異哉君之名子也夫名以制義義以出禮禮以體政政以正民是以政成而民聽易則生亂嘉耦曰妃怨耦曰仇古之命也今君命大子曰仇弟曰成師始兆亂矣兄其替乎

○惠之二十四年晉始亂故封桓叔于曲沃靖侯之孫欒賓傅之師服曰吾聞國家之立也本大而末小是以能固故天子建國諸侯立家卿置側室大夫有貳宗

輔貳（適）丁歷切爲小宗本或作爲大宗誤士有隸子弟士卑自以其子弟爲僕隸庶人工商各有分親皆有等衰庶人無復尊卑以親疏爲分別也衰殺也（分）扶問切又如字（親）七刃切又如字（衰）初危切注同（復）扶又切（別）彼列切（殺）所界切是以民服事其上而下無覬覦下不冀望上位（覬）音冀（覦）羊朱切字林羊住切說文云欲也今晉甸侯也而建國本既弱矣其能久乎諸侯而在甸服者（甸）徒練切

惠之三十年晉潘父弒昭侯而納桓叔不克潘父晉大夫也昭侯文侯子晉人立孝侯昭侯子也惠之四十五年曲沃莊伯伐翼弒孝侯莊伯桓叔子翼晉國所都翼人立其弟鄂侯鄂侯生哀侯鄂侯以五年奔隨其年秋王立哀侯于翼哀侯侵陘庭之田陘庭翼南鄙邑（陘）音刑陘庭南鄙啓曲沃伐翼

經三年春正月公會齊侯于嬴經之首時必書王明此歷天王之所班也其或廢法違常失不班歷故不書王嬴齊邑今泰山嬴縣釋文從此盡十七年皆無王唯十年有二傳以爲義或有王字者非（嬴）音盈○夏齊侯衛侯胥命于蒲申約言以相命而不歃血也蒲衛地在陳留長垣縣西南（約）如字又於妙切（歃）所洽切（[illegible]）音表○六月公會杞侯于郕○秋七月壬辰朔日有食之既無傳既盡也歷家之說謂日光以望時遙奪月光故月食日月同會月奄日故日食食有上下者行有高下日光輪存而中食者相奄密故日光溢出皆既者正相當而相奄間疏也然聖人不言月食日而以自食爲文闕於所不見○公子翬如齊逆女禮君有故則使卿逆○九月齊侯送姜氏于讙讙魯地濟北蛇丘縣西有下讙亭巳去齊國故不言女未至於魯故不稱夫人（讙）音歡（蛇）以支切○公會齊侯于讙無傳○夫人姜氏至自齊無傳告於廟也不言翬以至者齊侯送之公受之於讙○冬齊侯使其弟年來聘○有年無傳五穀皆熟書有年

傳三年春曲沃武公伐翼次于陘庭韓萬御戎梁弘爲右武公曲沃莊伯子也韓萬莊伯弟也御戎僕也右戎車之右逐翼侯于汾隰汾隰汾水邊（汾）扶云切汾水名下濕曰隰驂絓而止驂騑馬（驂）七南切（絓）戶卦切（騑）芳非切夜獲之及欒共叔共叔桓叔之傅欒賓之子也身傅翼侯父子各殉所奉之主故并見獲而死（共）音恭注同（殉）似俊切○會于嬴成昏于齊也公不由媒介自與齊侯會而成昏非禮也（介）音界○夏齊侯衛侯胥命于蒲不盟也○公會杞侯于郕杞求成也二年入杞故今來求成○秋公子翬如齊逆女修先君之好故曰公子昏禮雖奉時君之命其言必稱先君以爲禮辭故公子翬逆女傳稱修先君之好公子遂逆女傳稱尊君命至舉其義（好）呼報切注同齊侯送姜氏非禮也凡公女嫁于

卷二

敵國姊妹則上卿送之以禮於先君公子則下卿送之於大國雖公子亦上卿送之於天子則諸卿皆行公不自送於小國則上大夫送之○冬齊仲年來聘致夫人也古者女出嫁又使大夫隨加聘問存謙敬序殷勤也在魯而出則曰致女在他國而來則總曰聘故傳以致夫人釋之釋文齊侯送姜氏本或作送姜氏于讙公子則下卿送公子公女○芮伯萬之母芮姜惡芮伯之多寵人也故逐之出居于魏爲明年秦侵芮張本芮國在馮翊臨晉縣魏國河東河北縣〔芮〕如銳切〔惡〕烏路切〔[illegible]〕音翼

經四年春正月公狩于郎冬獵曰狩行三驅之禮得田狩之時故傳曰書時禮也周之春夏之冬也田狩從夏時郎非國內之狩地故書地〔狩〕手又切〔夏〕戶雅切下同○夏天王使宰渠伯糾來聘宰官渠氏伯糾名也王官之宰當以才授位而伯糾攝父之職出聘列國故書名以譏之國史之記必書年以集此公之事書首時以成此年之歲故春秋有空時而無事者今不書秋冬首月史闕文他皆放此〔糾〕居黝切

傳四年春正月公狩于郎書時禮也郎非狩地故唯時合禮○夏周宰渠伯糾來聘父在故名○秋秦師侵芮敗焉小之也秦以芮小輕之故爲芮所敗○冬王師秦師圍魏執芮伯以歸三年芮伯出居魏芮更立君秦爲芮所敗故以芮伯歸將欲納之

經五年春正月甲戌己丑陳侯鮑卒未同盟而書名者來赴以名故也甲戌前年十二月二十一日己丑此年正月六日陳亂故再赴赴雖日異而皆以正月起文故但書正月慎疑審事故從赴兩書〔鮑〕步飽切○夏齊侯鄭伯如紀外相朝皆言如齊欲滅紀紀人懼而來告故書○天王使仍叔之子來聘仍叔天子之大夫稱仍叔之子本於父字幼弱之辭也譏使童子出聘○葬陳桓公無傳○城祝丘無傳齊鄭將襲紀故○秋蔡人衛人陳人從王伐鄭王自爲伐鄭之主君臣之辭也王師敗不書不以告〔從〕如字又才用切○大雩傳例曰書不時也失龍見之時〔雩〕音于祭名〔見〕賢遍切○螽無傳蚣蝑之屬爲災故書〔螽〕音終〔蚣〕相容切〔蝑〕相魚切○冬州公如曹不書奔以朝出也爲下實來書也曹國今濟陰定陶縣〔陶〕同勞切

傳五年春正月甲戌己丑陳侯鮑卒再赴也於是陳亂文公子佗殺大子免而代之佗桓公弟五父也稱文公子明佗非桓公母弟也免桓公大子〔佗〕大何切〔免〕音問〔父〕音甫公疾病而亂作國人分散故再赴○夏齊侯鄭伯朝于紀欲以襲之紀人知之○王奪鄭伯政鄭伯不朝奪不使知王政〔襲〕音習秋

王以諸侯伐鄭鄭伯禦之王爲中軍虢公林父將右軍蔡人衛人屬焉（虢公林父王卿士將子匠切下及注大將同）周公黑肩將左軍陳人屬焉（黑肩周桓公也）鄭子元請爲左拒以當蔡人衛人（子元鄭公子拒方陳拒俱甫切下同陳直覲切下文之陳及注同）爲右拒以當陳人曰陳亂民莫有鬬心若先犯之必奔王卒顧之必亂蔡衛不枝固將先奔（不能相枝持也卒尊忽切下同）既而萃於王卒可以集事從之（萃聚也集成也萃似類切）曼伯爲右拒（曼伯檀伯曼音萬）祭仲足爲左拒原繁高渠彌以中軍奉公爲魚麗之陳先偏後伍伍承彌縫（司馬法車戰二十五乘爲偏以車居前以伍次之承偏之隙而彌縫闕漏也五人爲伍此蓋魚麗陳法麗力知切注同縫扶容切乘繩證切）戰于繻葛（繻葛鄭地繻音須）命二拒曰旝動而鼓（旝旃也通帛爲之蓋今大將之麾也執以爲號令旝古外切又古活切本亦作檜建大木置石其上發機以磓敵麾許危切）蔡衛陳皆奔王卒亂鄭師合以攻之王卒大敗祝聃射王中肩王亦能軍（雖軍敗身傷猶殿而不奔故言能軍射食亦切中丁仲切殿多見切）祝聃請從之公曰君子不欲多上人況敢陵天子乎苟自救也社稷無隕多矣（鄭於此收

兵自退隕于敏切）夜鄭伯使祭足勞王且問左右（祭足即祭仲之字蓋名仲字仲足也勞王問左右言鄭志在苟免王討之非也勞力報切注同名仲字仲足一本作名仲字足）○仍叔之子弱也（仍叔之子來聘童子將命無速反之心久留在魯故經書夏聘傳釋之於末秋）○秋大雩書不時也（十二公傳唯此年及襄二十六年有兩秋此發雩祭之例欲顯天時以指事故重言秋異於凡事重直用切）凡祀啓蟄而郊（言凡祀通下三句天地宗廟之事也啓蟄夏正建寅之月祀天南郊蟄直立切正音征）龍見而雩（龍見建巳之月蒼龍宿之體昏見東方萬物始盛待雨而大故祭天遠爲百穀祈膏雨見賢遍切注同宿音秀爲于僞切）始殺而嘗（建酉之月陰氣始殺嘉穀始熟故薦嘗於宗廟）閉蟄而烝（建亥之月昆蟲閉戶萬物皆成可薦者衆故烝祭宗廟釋例論之備矣閉必計切又必結切字林芳結切烝之承切）過則書（卜日有吉否過次節則書以譏慢也）○冬淳于公如曹度其國危遂不復（淳于州國所都城陽淳于縣也國有危難不能自安故出朝而遂不還度待洛切復音服後不音者皆同難乃旦切）

經六年春正月寔來（寔實也不言州公者承上五年冬經如曹間無異事省文從可知寔時力切省所景切）○夏四月公會紀侯于成（成魯地在泰山鉅平縣東南）○秋八月壬午大閱（齊爲大國以戎事徵諸侯之戍嘉美鄭忽而忽欲以有功爲班怒而訴齊魯人懼之故以非時簡車馬閱音悅）蔡

人殺陳佗佗立踰年不稱爵者篡立未會諸侯也傳例在莊二十二年○九月丁卯子同生桓公
子莊公也十二公唯子同是適夫人之長子備用大子之禮故史書之於策不稱大子者書始生也適丁歷切傳同長丁丈切
○冬紀侯來朝
傳六年春自曹來朝書曰寔來不復其國也亦承五年冬傳淳于公如曹也言奔
則來行朝禮言朝則遂留不去欲變文言實來○楚武王侵隨隨國今義陽隨縣使薳章求成
焉薳于委切軍於瑕以待之瑕隨地瑕下加切隨人使少師董成少師
隨大夫董正也少詩照切注及下同後倣此鬬伯比言於楚子曰吾不得志於漢東
也我則使然鬬伯比楚大夫令尹子文之父我張吾三軍而被吾甲兵以武臨
之彼則懼而協以謀我故難間也漢東之國隨為大隨張必棄
小國張自侈大也被皮寄切下注被甲同間間廁之間張豬亮切注同一音如字侈昌氏切又式氏切小國離
楚之利也少師侈請羸師以張之羸弱也羸劣追切注及下同熊率且比曰
季梁在何益熊率且比楚大夫季梁隨賢臣率音律且子餘切鬬伯比曰以為後圖少
師得其君言季梁之諫不過一見從隨侯卒當以少師為計故云以為後圖二年蔡侯鄭伯會于鄧始懼楚楚子自
此遂盛終於抗衡中國故傳備言其事以終始之抗苦浪切王毀軍而納少師從伯比之謀
歸請追楚師隨侯將許之信楚弱也季梁止之曰天方授楚楚之羸
其誘我也君何急焉臣聞小之能敵大也小道大淫所謂道忠
於民而信於神也上思利民忠也祝史正辭信也正辭不虛稱君美今
民餒而君逞欲逞快也餒奴罪切祝史矯舉以祭臣不知其可也詐稱功德
以欺鬼神矯居兆切公曰吾牲牷肥腯粢盛豐備何則不信牲牛羊豕也牷純色完全
也腯亦肥也黍稷曰粢在器曰盛牷音全腯徒忽切對曰夫民神之主也言鬼神之情依民而行是
以聖王先成民而後致力於神故奉牲以告曰博碩肥腯謂民
力之普存也博廣也碩大也謂其畜之碩大蕃滋也謂其不疾瘯蠡也
謂其備腯咸有也雖告神以博碩肥腯其實皆當兼此四謂民力適完則六畜既大而滋也皮毛無疥癬兼
備而無有所闕畜許又切下皆同蕃音煩瘯七木切本又作族同蠡力果切說文作瘰云瘯瘰皮肥也疥音界癬息淺切說文
云乾瘍奉盛以告曰潔粢豐盛謂其三時不害而民和年豐也三時
春夏秋奉酒醴以告曰嘉栗旨酒嘉善也栗謹敬也謂其上下皆有嘉德

而無違心也所謂馨香無讒慝也（馨香之遠聞○慝他得切○聞音問又如字）故務其三時脩其五教（父義母慈兄友弟恭子孝）親其九族以致其禋祀（禋潔敬也九族謂外祖父外祖母從母子及妻父妻母姑之子姊妹之子女子之子并己之同族皆外親有服而異族者也○九族杜預與孔安國鄭玄不同○禋音因）於是乎民和而神降之福故動則有成今民各有心而鬼神乏主（民饑餒也○餧音飢）君雖獨豐其何福之有君姑脩政而親兄弟之國庶免於難隨侯懼而修政楚不敢伐○夏會于成紀來諮謀齊難也（齊欲滅紀故來謀○難乃旦切下同）○北戎伐齊齊侯使乞師于鄭鄭大子忽帥師救齊六月大敗戎師獲其二帥大良少良甲首三百以獻於齊（甲首被甲者首○帥所類切○少詩照切）於是諸侯之大夫戍齊齊人饋之餼（生曰餼○饋其媿切○餼許既切牲腥曰餼）使魯爲其班後鄭（班次也魯親班齊饋則亦使大夫戍齊矣經不書蓋史闕文）鄭忽以其有功也怒故有郎之師（郎師在公之十年）

未昏於齊也齊侯欲以文姜妻鄭大子忽大子忽辭人問其故太子曰人各有耦齊大非吾耦也詩云自求多福（詩大雅文王言求福由己非由人也○妻七計切下及注同）在我而已大國何爲君子曰善自爲謀（言獨潔其身謀不及國）及其敗戎師也齊侯又請妻之（欲以他女妻之）固辭人問其故大子曰無事於齊吾猶不敢今以君命奔齊之急而受室以歸是以師昏也民其謂我何（言忽見怪於民）遂辭諸鄭伯（假父之命以爲辭爲十一年鄭忽出奔衛傳）○秋大閱簡車馬也○九月丁卯子同生以大子生之禮舉之接以大牢（大牢牛羊豕也以禮接夫人重適也○接如字鄭注禮記作捷讀此者亦或捷音）卜士負之士妻食之（禮世子生三日卜士負之射人以桑弧蓬矢射四方卜士之妻爲乳母○食音嗣○弧音胡○蓬步工切○射食亦切）公與文姜宗婦命之（世子生三月君夫人沐浴於外寢立於阼階西鄉世婦抱子升自西階君命之乃降蓋同宗之婦○阼才故切）公問名於申繻對曰名有五有信有義有象有假有類（申繻魯大夫○繻音須）以名生爲信（若唐叔虞魯公子友）以德命爲義（若文王名昌武王名發）以類命爲象（若孔子首象尼丘）取於物爲假（若伯魚生人有饋之魚因名之曰鯉○鯉音里）取於父爲類（若子同生有與父同者）不以國（國君之子不自以本國爲名也）不以官不以山川不以隱疾（隱痛疾患辟不祥也）不以畜牲（畜牲六畜）不以器幣（幣玉帛）

周人以諱事神名終將諱之君父之名固非臣子所斥然禮既卒哭以木鐸徇曰舍故而諱新謂舍親盡之祖而諱新死者故言以諱事神名終將諱之自父至高祖皆不敢斥言釋文周人以諱事神名衆家多以名字屬下句鐸待洛切徇似俊切本又作殉同舍音捨下同故以國則廢名國不可易故廢名以官則廢職以山川則廢主改其山川之名以畜牲則廢祀名豬則廢豬名羊則廢羊以器幣則廢禮晉以僖侯廢司徒僖侯名司徒廢爲中軍宋以武公廢司空武公名司空廢爲司城先君獻武廢二山二山具敖也魯獻公名具武公名敖更以其鄉名山敖五羔切是以大物不可以命公曰是其生也與吾同物命之曰同物類也謂同日○

冬紀侯來朝請王命以求成于齊公告不能紀微弱不能自通於天子欲因公以請王命公無寵於王故告不能

經七年春二月己亥焚咸丘無傳焚火田也咸丘魯地高平鉅野縣南有咸亭譏盡物故書焚扶云切○夏穀伯綏來朝綏須唯切鄧侯吾離來朝不總稱朝者各自行朝禮也穀國在南鄉筑陽縣北筑音逐

傳七年春穀伯鄧侯來朝名賤之也辟陋小國賤之禮不足故書名以春來夏乃行朝禮

故經書夏辟匹亦切本又作僻同○夏盟向求成于鄭既而背之盟向二邑名隱十一年王以與鄭故求與鄭成盟音孟向傷亮切背音佩秋鄭人齊人衛人伐盟向王遷盟向之民于郟郟王城郟古洽切○冬曲沃伯誘晉小子侯殺之曲沃伯武公也小子侯哀侯子

經八年春正月己卯烝無傳此夏之仲月非爲過而書者爲下五月復烝見瀆也例在五年烝之承切夏戶雅切爲于僞切復扶又切見賢遍切○天王使家父來聘無傳家父天子大夫家氏父字○夏五月丁丑烝無傳○秋伐邾無傳○冬十月雨雪無傳今八月也書時失雨于付切○祭公來遂逆王后于紀祭公諸侯爲天子三公者王使魯主昏故祭公來受命而迎也天子無外故因稱王后卿不書舉重略輕祭側界切

傳八年春滅翼曲沃滅之○隨少師有寵楚鬬伯比曰可矣讎有釁不可失也釁瑕隙也無德者寵國之釁也釁許覲切注同夏楚子合諸侯于沈鹿沈鹿楚地黃隨不會黃國今弋陽縣弋餘職切使薳章讓黃責其不會楚子伐隨軍於漢淮之間季梁請下之弗許而後戰之請服也下遐嫁切注同所以怒我而

怠寇也少師謂隨侯曰必速戰不然將失楚師隨侯禦之望楚師遥見楚師將失楚師一本無師字季梁曰楚人上左君必左君楚君也無與王遇且攻其右右無良焉必敗偏敗衆乃攜矣少師曰不當王非敵也弗從不從季梁謀戰于速杞隨師敗績隨侯逸速杞隨地逸逃也鬬丹獲其戎車與其戎右少師鬬丹楚大夫戎車君所乘兵車也戎右車右也寵之故以爲右秋隨及楚平楚子將不許鬬伯比曰天去其疾矣去疾謂少師見獲而死(去)起呂切注同隨未可克也乃盟而還○冬王命虢仲立晉哀侯之弟緡于晉虢仲王卿士虢公林父(緡)亡巾切○祭公來遂逆王后于紀禮也天子娶於諸侯使同姓諸侯爲之主祭公來受命於魯故曰禮

經九年春紀季姜歸于京師季姜桓王后也季字姜紀姓也書字者伸父母之尊(伸)音申○夏四月○秋七月○冬曹伯使其世子射姑來朝曹伯有疾故使其子來朝(射)音亦又音夜

傳九年春紀季姜歸于京師凡諸侯之女行唯王后書爲書婦人行例

也適諸侯雖告魯猶不書(爲)于僞切○巴子使韓服告于楚請與鄧爲好韓服巴行人巴國在巴郡江州縣(好)呼報切楚子使道朔將巴客以聘於鄧道朔楚大夫巴客韓服鄧南鄙鄾人攻而奪之幣鄾在今鄧縣南沔水之北(鄾)音憂(沔)面善切殺道朔及巴行人楚子使薳章讓於鄧鄧人弗受言非鄾人所攻夏楚使鬬廉帥師及巴師圍鄾鬬廉楚大夫鄧養甥聃甥帥師救鄾三逐巴師不克二甥皆鄧大夫(聃)乃甘切鬬廉衡陳其師於巴師之中以戰而北衡橫也分巴師爲二部鬬廉橫陳於其間以與鄧師戰而僞北北走也衡如字一音橫(陳)直覲切注同又如字(北)如字一音佩嵇康音背鄧人逐之背巴師而夾攻之楚師僞走鄧師逐之背巴師巴師攻之楚師自前還與戰(背)音佩注同(夾)古洽切又古協切鄧師大敗鄾人宵潰宵夜也(潰)戶對切○秋虢仲芮伯梁伯荀侯賈伯伐曲沃梁國在馮翊夏陽縣荀賈皆國名(夏)戶雅切○冬曹大子來朝賓之以上卿禮也諸侯之適子未誓於天子而攝其君則以皮帛繼子男故賓之以上卿各當其國之上卿(適)丁歷切享曹大子初獻樂奏而歎酒始獻(享)許兩切施父曰曹大子其有憂乎非歎所也施父魯大夫(施)色豉切人名字(父)音甫

經十年春王正月庚申曹伯終生卒(未同盟而赴以名) ○夏五月葬曹桓公(無傳) ○秋公會衛侯于桃丘弗遇(無傳衛侯與公爲會期中背公更與齊鄭故云獨往而不相遇也桃丘衛地濟北東阿縣東南有桃城(丁)如字一音丁仲切(背)音佩) ○冬十有二月丙午齊侯衛侯鄭伯來戰于郎(既侵伐而書來戰善魯之用周班惡三國討有辭(惡)烏洛切又烏路切)

傳十年春曹桓公卒(終施父之言) ○虢仲譖其大夫詹父於王(虢仲王卿士詹父屬大夫(譖)側鴆切(詹)章廉切) 詹父有辭以王師伐虢夏虢公出奔虞(虞國在河東大陽縣) ○秋秦人納芮伯萬于芮(四年圍魏所執者) ○初虞叔有玉(虞叔虞公之弟) 虞公求旃(旃之也(旃)之然切) 弗獻既而悔之曰周諺有之匹夫無罪懷璧其罪(人利其璧以璧爲罪(諺)音彥) 吾焉用此其以賈害也(賈買也(焉)於虔切(賈)音古注同) 乃獻之又求其寶劍叔曰是無厭也無厭將及我(將殺我(厭)於鹽切下同) 遂伐虞公故虞公出奔共池(共池地名闕(共)音洪又音恭) ○冬齊衛鄭來戰于郎我有辭也初北戎病齊(在六年) 諸侯救之鄭公子忽有功焉齊人餼諸侯使魯次之魯以周班後鄭鄭人怒請師於齊齊人以衛師助之故不稱侵伐(不稱侵伐而以戰爲文明魯直諸侯曲故言我有辭以禮自釋交綏而退無敗績) 先書齊衛王爵也(鄭主兵而序齊衛下者以王爵次之也春秋所以疑魯猶秉周禮(見)賢遍切)

經十有一年春正月齊人衛人鄭人盟于惡曹(惡曹地闕) ○夏五月癸未鄭伯寤生卒(同盟於元年赴以名) ○秋七月葬鄭莊公(無傳三月而葬速) ○九月宋人執鄭祭仲(祭氏仲名不稱行人聽迫脅以逐君罪之也行人例在襄十一年釋例詳之(聽)吐定切) 突歸于鄭(突厲公也爲宋所納故曰歸例在成十八年不稱公子從告也文連祭仲故不言鄭) ○鄭忽出奔衛(忽昭公也莊公既葬不稱爵者鄭人賤之以名赴) ○柔會宋公陳侯蔡叔盟于折(無傳柔魯大夫未賜族者蔡叔蔡大夫叔名也折地闕(折)之設切又市列切) ○公會宋公於夫鍾(無傳夫鍾郕地(夫)音扶) ○冬十有二月公會宋公于闞(無傳闞魯地在東平須昌縣東南(闞)口暫切(圓)宜驗切)

傳十一年春齊衛鄭宋盟于惡曹(宋不書經闕) ○楚屈瑕將盟貳軫(貳軫二國名(屈)居勿切楚大夫氏(貳)音二(軫)之忍切) 鄖人軍於蒲騷將與隨絞州蓼伐楚

師鄖國在江夏雲杜縣東南有鄖城蒲騷鄖邑絞國名州國在南郡華容縣東南蓼國今義陽棘陽縣東南湖陽城(鄖)音云(騷)音蕭又音縿(絞)古卯切(蓼)音了本或作鄝同(夏)戶雅切(棘)紀力切(湖)音胡莫敖患之莫敖楚官名即屈瑕(敖)五刀切鬭廉曰鄖人軍其郊必不誡且日虞四邑之至也虞度也四邑隨絞州蓼也邑亦國也(日)人逸切(度)待洛切君次於郊郢以禦四邑君謂屈瑕也郊郢楚地(郢)以井切又以政切我以銳師宵加於鄖鄖有虞心而恃其城恃近其城(近)附近之近莫有鬭志若敗鄖師四邑必離莫敖曰盍請濟師於王盍何不也濟益也(盍)戶臘切(濟)箋計切對曰師克在和不在衆商周之不敵君之所聞也商紂也周武王也傳曰武王有亂臣十人紂有億兆夷人(億)於力切成軍以出又何濟焉莫敖曰卜之對曰卜以決疑不疑何卜遂敗鄖師於蒲騷卒盟而還卒盟貳軫○

鄭昭公之敗北戎也在六年齊人將妻之昭公辭祭仲曰必取之君多內寵子無大援將不立三公子皆君也子突子亹子儀之母皆有寵(妻)七計切下注同(援)於眷切(亹)亡匪切本或作亹弗從夏鄭莊公卒初祭封人仲足有寵於莊公祭鄭地陳留長垣縣東北有祭城封人守封疆者因以所守爲氏(疆)居良切莊公使爲卿爲

公娶鄧曼生昭公故祭仲立之曼鄧姓(爲)于僞切(曼)音萬宋雍氏女於鄭莊公曰雍姞生厲公雍氏姞姓宋大夫也以女妻人曰女(雍)於恭切(女)尼據切注曰女同(姞)其吉切又其秩切雍氏宗有寵於宋莊公故誘祭仲而執之祭仲之如宋非會非聘見誘而以行人應命(應)應對之應曰不立突將死亦執厲公而求賂焉祭仲與宋人盟以厲公歸而立之秋九月丁亥昭公奔衛己亥厲公立

經十有二年春正月○夏六月壬寅公會杞侯莒子盟于曲池曲池魯地魯國汶陽縣北有曲水亭(汶)音問○秋七月丁亥公會宋公燕人盟于穀丘穀丘宋地燕人南燕大夫○八月壬辰陳侯躍卒無傳厲公也十一年與魯大夫盟於折不書葬魯不會也壬辰七月二十三日書於八月從赴(躍)羊略切○公會宋公于虛虛宋地(虛)去魚切○冬十有一月公會宋公于龜龜宋地○丙戌公會鄭伯盟于武父武父鄭地陳留濟陽縣東北有武父城(父)音甫有父字者皆同音甫○丙戌衛侯晉卒無傳重書丙戌非義例因史成文也未同盟而赴以名(重)直用切下同○十有二月及鄭師伐宋丁未戰于宋既書伐宋又重書戰者以見宋之無信也莊十一年傳例曰皆陳曰戰尤其無信故以獨戰爲文(見)賢遍切(陳)直覲切

傳十二年夏盟于曲池平杞莒也隱四年莒人伐杞自是遂不平○公欲平宋鄭秋公及宋公盟于句瀆之丘句瀆之丘即穀丘也宋以立厲公故多責賂於鄭鄭人不堪故不平句古侯切瀆音豆宋成未可知也故又會于虛冬又會于龜宋公辭平故與鄭伯盟于武父宋公貪鄭賂故與公會而卒辭不與鄭平三遂帥師而伐宋戰焉宋無信也君子曰苟信不繼盟無益也詩云君子屢盟亂是用長無信也詩小雅言無信故數盟數盟則情疏情疏而憾結故云長亂屢力具切本又作婁音同長丁丈切數音朔下同憾戶暗切○楚伐絞軍其南門莫敖屈瑕曰絞小而輕輕則寡謀請無扞采樵者以誘之扞衛也樵薪也扞戶旦切樵在遙切從之絞人獲三十人獲楚人也明日絞人爭出驅楚役徒於山中楚人坐其北門而覆諸山下坐猶守也覆設伏兵而待之覆扶又切注同大敗之為城下之盟而還城下盟諸侯所深恥伐絞之役楚師分涉於彭彭水在新城昌魏縣羅人欲伐之使伯嘉諜之三巡數之羅熊姓國在宜城縣西山中後徙南郡枝江縣伯嘉羅大夫諜伺也巡遍也諜徒協切數色主切數質而切伺音笥徧音遍

經十有三年春二月公會紀侯鄭伯己巳及齊侯宋公衛侯燕人戰齊師宋師衛師燕師敗績大崩曰敗績例在莊十一年或稱人或稱師史異辭也衛宣公未葬惠公稱侯以接鄰國非禮也○三月葬衛宣公無傳○夏大水無傳○秋七月

○冬十月

傳十三年春楚屈瑕伐羅鬭伯比送之還謂其御曰莫敖必敗舉趾高心不固矣趾足也遂見楚子曰必濟師濟益也言屈瑕將敗故以益師諷諫見賢遍切濟箋詣切難乃旦切諷本亦作風方鳳切楚子辭焉不解其旨故拒之解戶買切入告夫人鄧曼鄧曼曰大夫其非眾之謂鄧曼楚武王夫人言伯比意不在於益眾其謂君撫小民以信訓諸司以德而威莫敖以刑也莫敖狃於蒲騷之役將自用也狃忲也蒲騷役在十一年狃女久切忲時世切又時設切必小羅君若不鎮撫其不設備乎夫固謂君訓眾而好鎮撫之撫小民以信也好呼報切又如字召諸司而勸之以令德訓諸司以德也見莫敖而告諸天之不假易也諸之也言天不借貸慢易之人威莫敖以刑也易以豉切注同借子夜切貸他代切慢武諫切不然夫豈不知楚師之

不然夫豈不知變節之

而爵之以命撫[illegible]天之不假易也

設備乎夫固[illegible]

自用也[illegible]以德而[illegible]以刑也[illegible]

尺以信訓諸侯[illegible]

晏猶曰大夫其非眾之[illegible]

單[illegible]不固矣[illegible]

傳十二年春莒人伐我東鄙圍台[illegible]遂入鄆[illegible]

○冬十月[illegible]○二月[illegible]○夏大水[illegible]○秋七月[illegible]

入鄆[illegible]帥師[illegible]

經十有三年春二月公會[illegible]

[illegible]

盡行也楚子使賴人追之不及賴國在義陽隨縣賴人仕於楚者盡津忍切此類可以意求
莫敖使徇于師曰諫者有刑徇宣令也徇似俊切及鄢亂次以濟鄢水在襄陽宜
城縣入漢鄢於晚切又於萬切亂次以濟本或作亂次以濟其水遂無次且不設備及羅羅與
盧戎兩軍之盧戎南蠻盧如字本或作廬音同大敗之莫敖縊于荒谷羣帥囚
于冶父縊自經也荒谷冶父皆楚地縊一豉切冶如字本或作亦音同冶音也以聽刑楚子曰孤
之罪也皆免之○宋多責賂於鄭立突賂鄭不堪命故以紀魯及
齊與宋衛燕戰不書所戰後也公後地期而及其戰故不書所戰之地○鄭人來
請脩好好呼報切
經十有四年春正月公會鄭伯于曹脩十二年武父之好曹地曹與[illegible]好呼報切[illegible]音
預○無冰無傳書時失○夏五不書月闕文○鄭伯使其弟語來盟○秋
八月壬申御廩災御廩公所親耕以奉粢盛之倉也天火曰災例在宣十六年廩力錦切乙亥嘗
先其時亦過也既戒日致齊御廩雖災苟不害嘉穀則祭不應廢故書以示法先悉薦切又如字齊側皆切○冬十有
二月丁巳齊侯祿父卒無傳隱六年盟於艾○宋人以齊人蔡人衛人陳
人伐鄭凡師能左右之曰以例在僖二十六年
傳十四年春會于曹曹人致餼禮也熟曰饔生曰餼夏鄭子人來尋盟
且脩曹之會子人即弟語也其後為子人氏○秋八月壬申御廩災乙亥嘗書
不害也災其屋救之則息不及穀故曰書不害○冬宋人以諸侯伐鄭報宋之戰
也在十二年焚渠門入及大逵渠門鄭城門逵道方九軌逵求龜切伐東郊取牛首東郊
鄭郊牛首鄭邑以大宮之椽歸為盧門之椽大宮鄭祖廟盧門宋城門告伐而不告入取故不書
大音泰椽直專切榱也圓曰椽方曰桷說文云周謂之椽齊魯謂之桷
經十有五年春二月天王使家父來求車○三月乙未天王崩
無傳桓王也○夏四月己巳葬齊僖公無傳○五月鄭伯突出奔蔡突既
篡立權不足以自固又不能倚任祭仲反與小臣造賊盜之計故以自奔為文罪之也例在昭三年倚於綺切○鄭世
子忽復歸于鄭忽實居君位故今還以復其位之例為文也稱世子者忽為大子有母氏之寵宗卿之援有功
於諸侯此大子之盛者也而守介節以失大國之助知三公子
之彊不從祭仲之言脩小善潔小行從匹夫之仁忘社稷之大
計故君子謂之善自為謀言不能謀國也父卒而不能自君鄭
人亦不君之出則降名以赴入則逆以大子之禮始於見逐終

於見殺三公子更立亂鄭國者實忽之由復歸例在成十八年（介）音界（行）下孟切（更）音庚○許叔入于許許叔
莊公弟也隱十一年鄭使許大夫奉許叔居許東偏鄭莊公既卒乃入居位許人嘉之以字告也叔本不去國雖稱入非國逆
例○公會齊侯于艾○邾人牟人葛人來朝無傳三人皆附庸之世子也其君應
稱名故其子降稱人牟國今泰山牟縣葛國在梁國寧陵縣東北（牟）亡侯切○秋九月鄭伯突入于
櫟櫟鄭別都也今河南陽翟縣未得國直書入無義例也（櫟）音歷（翟）徒歷切○冬十有一月公會宋
公衛侯陳侯于袲伐鄭袲宋地在沛國相縣西南先行會禮而後伐也（袲）昌氏切（相）息亮切
傳十五年春天王使家父來求車非禮也諸侯不貢車服車服上之
所以賜下天子不私求財諸侯有常職貢○祭仲專鄭伯患之使其壻雍糾
殺之將享諸郊雍姬知之謂其母曰父與夫孰親其母曰人盡
夫也父一而已胡可比也婦人在室則天父出則天夫女以為疑故母以所生為本解之遂告
祭仲曰雍氏舍其室而將享子於郊吾惑之以告祭仲殺雍糾
尸諸周氏之汪汪池也周氏鄭大夫殺而暴其尸以示戮也（舍）音捨（汪）烏黃切（暴）步卜切公載以出
愍其見殺故載其尸共出國曰謀及婦人宜其死也○夏厲公出奔蔡○六

月乙亥昭公入○許叔入于許○公會齊侯于艾謀定許也○
秋鄭伯因櫟人殺檀伯而遂居櫟檀伯鄭守櫟大夫（檀）徒干切○冬會于袲
謀伐鄭將納厲公也弗克而還
經十有六年春正月公會宋公蔡侯衛侯于曹○夏四月公會
宋公衛侯陳侯蔡侯伐鄭春既謀之今書會者魯諱議納不正蔡常在衛上今序陳下蓋後至○
秋七月公至自伐鄭用飲至之禮故書○冬城向傳曰書時也而下有十一月書說因謂傳
誤此城向亦俱是十一月但本事異各隨本而書之耳經書夏叔弓如滕五月葬滕成公傳云五月叔弓如滕即知但稱時者
未必與下月異也又推校此年閏在六月則月卻而節前水星可在十一月而正也詩云定之方中作于楚宮此未正中也功
役之事皆總指天象不與言歷數同也故傳之釋經皆通言一時不月別（向）失亮切（定）丁佞切○十有一月衛
侯朔出奔齊惠公也朔讒構取國故不言二公子逐罪之也
傳十六年春正月會于曹謀伐鄭也前年冬謀納厲公不克故復更謀（復）扶又切○
夏伐鄭○秋七月公至自伐鄭以飲至之禮也○冬城向書時
也○初衛宣公烝於夷姜生急子夷姜宣公之庶母也上淫曰烝（烝）之承切（急）如字詩作伋

〔上〕時掌切一音如字屬諸右公子爲之娶於齊而美公取之生壽及朔屬壽於左公子左右媵之子因以爲號屬音燭下同〔爲〕于僞切夷姜縊夫寵而自經死宣姜與公子朔構急子宣姜宣公所取急子之妻構會其過惡〔構〕古豆切〔會〕古外切公使諸齊使盜待諸莘將殺之莘衛地陽平縣西北有莘亭〔使〕所吏切〔莘〕所巾切壽子告之使行行去不可曰棄父之命惡用子矣惡安也〔惡〕音烏注同有無父之國則可也及行飲以酒壽子載其旌以先盜殺之急子至曰我求之也此何罪請殺我乎又殺之二公子故怨惠公十一月左公子洩右公子職立公子黔牟黔牟羣公子〔飲〕以酒於鴆切一本以作之〔洩〕息列切〔黔〕其廉切又音琴惠公奔齊

經十有七年春正月丙辰公會齊侯紀侯盟于黃黃齊地二月丙午公會邾儀父盟于趡趡魯地稱字義與蔑盟同二月無丙午丙午三月四日也日月必有誤〔趡〕翠軌切○夏五月丙午及齊師戰于奚奚魯地皆陳曰戰〔陳〕直覲切○六月丁丑蔡侯封人卒十一年大夫盟于折○秋八月蔡季自陳歸于蔡蔡季蔡侯弟也言歸爲陳所納○癸巳葬蔡桓侯無傳稱侯蓋謬誤三月而葬速○及宋人衛人伐邾○冬十月朔日有食之甲乙者歷之紀也晦朔者日月之存會也日食不可以不存晦朔晦朔須甲乙而可推故日食必以書朔日爲例

傳十七年春盟于黃平齊紀且謀衛故也齊欲滅紀衛逐其君○及邾儀父盟于趡尋蔑之盟也蔑盟在隱元年○夏及齊師戰于奚疆事也爭疆界也〔疆〕居良切注及下皆同於是齊人侵魯疆疆吏來告公曰疆埸之事慎守其一而備其不虞虞度也不度猶不意也〔埸〕音亦〔度〕待洛切下同姑盡所備焉事至而戰又何謁焉齊背盟而來公以信待故不書侵伐〔背〕音佩下同○蔡桓侯卒蔡人召蔡季于陳桓侯無子故召季而立之季內得國人之望外有諸侯之助故書字以善得衆稱歸以明外納秋蔡季自陳歸于蔡蔡人嘉之也嘉之故以字告○伐邾宋志也邾宋爭疆魯從宋志背趡之盟○冬十月朔日有食之不書日官失之也天子有日官諸侯有日御日官日御典歷數者日官居卿以底日禮也日官天子掌歷者不在六卿之數而位從卿故言居卿也底平也謂平歷數〔底〕音旨下同日御不失日以授百官于朝日官平歷以班諸侯諸侯奉之不失天時以授百官○初鄭伯將以高渠彌爲卿昭公惡之固諫

不聽昭公立懼其殺己也辛卯弒昭公而立公子亹公子亹昭公弟惡烏路切下及注所惡皆同亹音尾君子謂昭公知所惡矣公子達曰公子達魯大夫高伯其為戮乎復惡已甚矣復重也本為昭公所惡而復弒君重為惡也復扶又切注同一音服則乖注意重直用切下同

經十有八年春王正月公會齊侯于濼濼水在濟南歷城縣西北入濟濼盧篤切又力角切一音洛○公與夫人姜氏遂如齊公本與夫人俱行至濼公與齊侯行會禮故先書會濼既會而相隨至齊故曰遂○夏四月丙子公薨于齊不言戕諱之也戕例在宣十八年戕在良切○丁酉公之喪至自齊無傳告廟也丁酉五月一日有日而無月○秋七月○

冬十有二月己丑葬我君桓公無傳九月乃葬緩慢也

傳十八年春公將有行遂與姜氏如齊始議行事申繻曰女有家男有室無相瀆也謂之有禮易此必敗女安夫之家夫安妻之室違此則為瀆今公將姜氏如齊故知其當致禍亂瀆徒木切公會齊侯于濼遂及文姜如齊齊侯通焉公謫之謫譴也謫直革切譴遣戰切以告夫人告齊侯○夏四月丙子享公齊侯為公設享燕之禮為于偽切使公子彭生乘公公薨于車上車曰乘彭生多力拉公幹而殺之乘如字又純證切上時掌切拉立答切幹古旦切○魯人告于齊曰寡君畏君之威不敢寧居來脩舊好禮成而不反無所歸咎惡於諸侯請以彭生除之除恥辱之惡也好呼報切咎其九切○齊人殺彭生不書非卿○秋齊侯師于首止陳師首止討鄭弒君也首止衛地陳留襄邑縣東南有首鄉子亹會之高渠彌相不知齊欲討己相息亮切七月戊戌齊人殺子亹而轘高渠彌車裂曰轘轘音患祭仲逆鄭子于陳而立之鄭子昭公弟子儀也是行也祭仲知之故稱疾不往人曰祭仲以知免仲曰信也時人譏祭仲失忠臣之節仲以子亹為渠彌所立本既不正又不能固位安民宜其見除故即而然譏者之言以明本意知音智又如字○周公欲弒莊王而立王子克莊王桓王大子王子克莊王弟子儀弒申志切辛伯告王遂與王殺周公黑肩王子克奔燕辛伯周大夫初子儀有寵於桓王桓王屬諸周公辛伯諫曰並后妾如后屬音燭匹嫡庶如嫡嫡丁歷切注同兩政臣擅命擅市戰切耦國都如國亂之本也周公弗從故及及於難也

左氏傳卷第二